塔木德

犹太人的商道和智慧

郭永水◎编著

应急管理出版社
·北 京·

图书在版编目（CIP）数据

塔木德：犹太人的商道和智慧 / 郭永水编著. --北京：应急管理出版社，2021（2022.1 重印）

ISBN 978-7-5020-7894-2

Ⅰ.①塔… Ⅱ.①郭… Ⅲ.①犹太人—商业经营—经验 ②犹太人—人生哲学 Ⅳ.①F715 ②B821

中国版本图书馆 CIP 数据核字(2021)第 028761 号

塔木德　犹太人的商道和智慧

编　　著　郭永水
责任编辑　高红勤
封面设计　小红帆

出版发行　应急管理出版社（北京市朝阳区芍药居 35 号　100029）
电　　话　010-84657898（总编室）　010-84657880（读者服务部）
网　　址　www. cciph. com. cn
印　　刷　唐山楠萍印务有限公司
经　　销　全国新华书店

开　　本　880mm×1230mm 1/32　**印张**　6　**字数**　150 千字
版　　次　2021 年 4 月第 1 版　2022 年 1 月第 2 次印刷
社内编号　20200754　　**定价**　28.00 元

前 言

世界上有两个从古至今一脉相承的文明，一个是中华文明，另一个是犹太文明。犹太文明是世界上最古老的文明之一，尽管在近 2000 年里，犹太人曾失去了故土和家园，没有固定的主体和活动地域，然而他们没有因流散、渗入到世界各地而消亡，而是以一种超乎寻常的内聚力和生命力顽强地存活下来。

犹太民族被公认为是世界上最聪明、最富有的民族之一，犹太商人更是以高超的经营技巧摘取了“世界第一商人”的桂冠。从享誉欧洲乃至全球的罗斯柴尔德家族到华尔街超级富豪摩根，从绘画大师毕加索到现代物理学之父爱因斯坦，从金融大鳄索罗斯到脸书掌门人扎克伯格……无一例外都是犹太人。他们只占世界人口的 0.3%，但自诺贝尔奖设立以来，22% 的获奖者都是犹太人，这个比例是其他民族的 100 倍。

世界的财富在犹太人的口袋里，犹太人的财富在自己的脑袋里。犹太人坚信：世界上只有三样东西是别人抢不走的，一是吃进胃里的食物，二是藏在心里的梦想，三是读在脑海里的书。犹太民族能够历经坎坷而不散，久经磨难而兴盛，最关键的秘密就在《塔木德》中。

《塔木德》是犹太人继《圣经》之后最重要的一部典籍，被称作“犹太人智慧羊皮卷”，是开启犹太人超凡智慧之谜的一把金钥匙。全书共 20 卷，超过 250 万字，由上千名犹太学者，根据公元前 500 年至公元 500 年圣贤之言进行整理编纂而成。

《塔木德》是犹太人日常生活的伴侣，充满着生命的智慧和化解危机的良谋，它涵盖了犹太人生活的方方面面，直到现在仍未改变。它不是史书，却在谈史；它不是人物志，却在谈人物；它不是百科全书，却包罗万象。对于犹太人来说，它是整个犹太民族生活方式的导航图，是滋养世世代代犹太人的土壤，是其他民族了解犹太文化，揭开犹太人超凡智慧之谜的商道与处世之书。

《塔木德》在世界上广泛流传，尤其是犹太人，人手一册，从生到死一直研读，常读常新。

本书精选《塔木德》中的商道与处世箴言，结合犹太人的历史经验及其成功的精彩案例，演绎发挥其中的智慧和谋略，使读者在感受犹太人智慧的同时，增强对商道与处世智慧的运用能力，进而助力成功。

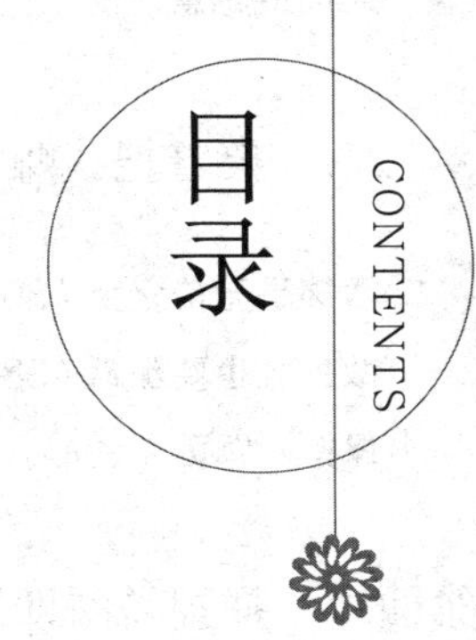

上篇 商道智慧

第一章 赚钱靠脑子

第二章 赚有钱人的钱

第七章　重视契约精神

第八章　谈判讲方法

下篇　处世智慧

第九章　生存的哲学

第十章　一定要享受生活

第十一章　尊重知识和教育

第十二章　不要忽视团队的力量

第十三章　孩子就是未来

第十四章　犹太人的自我观

第十五章　学会与人交往

上篇

商道智慧

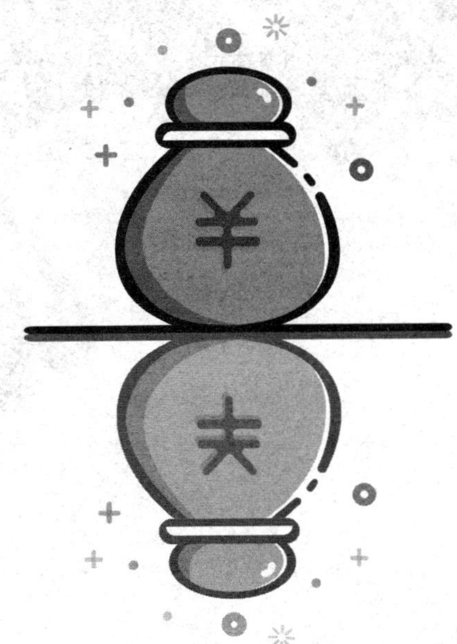

第一章

赚钱靠脑子

创富思维比财富更重要

犹太人被公认为是世界上最会赚钱的人，世界的财富在犹太人的口袋里，犹太人的财富在自己的脑袋里。在犹太人眼里，创富思维比财富更重要，一个人只要拥有创造财富的智慧，那么必会有源源不断的财富进入口袋。在《塔木德》中，记载了很多创造财富的故事，故事中的创富思维，对我们开创事业、获取财富有很好的启示作用。

1.“收破烂”思维

犹太人并不是天生比别的种族聪明，而是他们更懂得挖掘自己的智慧，用智慧去创造财富。垃圾处理是令很多国家头疼的事情，处理不当会严重破坏环境。然而犹太人却能从中窥见商机，变废为宝，获取丰厚的利润。

1974 年，美国政府对自由女神像进行翻新，丢弃的废材料堆积成山，政府向社会招标，希望尽快把这些垃圾处理掉，几个月过去了，没有人应标。一个正在法国旅行的犹太人，听到这个消息后，立即飞往纽约。当他看到高高耸立的垃圾堆时，未提任何条件，当即就签了字。

很多公司对这个犹太人的愚蠢举动暗自发笑，因为在纽约，垃圾处理有严格规定，弄不好会遭到环保组织的起诉，很多人都准备等着看他的笑话。然而，犹太人接管项目后，立即开始组织工人对废料进行分类处理，他把废铜熔化，铸成小自由女神像；把水泥块和木头加工成底座；把废铅、废铝做成纽约广场的钥匙；最后，他甚至把从自由女神像身上扫下来的灰包装起来，出售给花店。

不到3个月的时间，他让这堆废料变成了350万美元现金。每磅铜的价格，整整翻了一万倍。

一堆在别人眼中让人非常头疼的废料，在犹太人手中变成了财富。为什么会发生这样的事情呢？因为犹太人善于动脑思考，他们用过人的智慧，创造了财富。

2.“卖老鼠”思维

在犹太商人的生意经中，有一句话是这样说的——“金库是从心中变出来的”。在犹太人看来，不管什么东西，一旦到了商人的手中，都能够变为商品。

一位犹太少年在街上行走时，发现了一只死老鼠，旁边不远的药店门口恰好贴着一则广告，广告的内容就是收购死老鼠来做药，于是他用死老鼠换到了可怜的10美分。

在快穿过这条街道时，他看到一位推着满车鲜花的花匠，正坐在街角的长椅上休息。此时花匠满身是汗，看上去有些疲惫。原来，老花匠患有低血糖病，饥饿或劳累时，身体就特别不舒服。少年用10美分买了一瓶糖水，送给花匠，为此花匠送给少年几朵鲜花。

少年在裁缝店找了一些彩色布条，又利用废弃的报纸和麻绳，做成一把精致的花束，他拿着花束到集市上卖，这次他卖了1美元。

刚走出集市时，突然狂风大起，街道边许多大树的细枝被吹断了，落得到处都是。这时少年眼珠一转，拿出刚才赚到的1美元买了一大包糖果，然后招来许多孩子，让孩子们帮他捡树枝，剩下的钱租来一辆平板车，不一会儿工夫，平板车装满了树枝。

少年把车上的所有树枝，都卖给了附近的酒店，然后他返回街道继续装树枝。就这样来回了好几趟，少年最终赚到了50美元。

财富的积累，通常都是从无到有，由少到多。所以，倘若你下定决心要白手起家，那么，一定要相信“卖老鼠”这种无中生有的思维。如果能够灵活运用，必会有不错的收获。

3.“卖香蕉”思维

在生活和工作中，谁都会遇上一些倒霉的事情。当这些问题出现后，有的人自认倒霉，而有的人却能开动脑筋，进行自我补救，甚至获得不错的收益。在《塔木德》中，记载着一个关于卖香蕉的故事。

犹太人亚默尔在一家水果店担任店长。有一天，员工因为疏忽，导致仓库着了火。当时仓库里放着一大堆香蕉，大伙手忙脚乱地把香蕉搬出来。虽然香蕉没有烧毁，但是表面却被高温熏出了一个个小黑点。

如何处理这批香蕉，成了令人头痛的问题。香蕉毕竟是水果，没办法放太久，如果一段时间后没卖掉，这批香蕉的下场就是被丢进垃圾桶中。

亚默尔想出的第一招是降价。他把卖 5 元钱一斤的香蕉，挂上了 3 块一斤的牌子，但是效果并不太好。因为香蕉皮上有一些小黑点，顾客认为这些香蕉可能存在问题，纷纷拒绝购买。

亚默尔想出的第二招是做成果盒出售。因为香蕉尽管外观不怎么好看，但里面却没有任何影响。一开始确实有人来买，但更多人只想要新鲜的香蕉，因此还剩下一些没有卖掉。

亚默尔于是又心生一计。他在店门口支起了一个烧烤架子，把香蕉拿来烤着卖。虽然香蕉表面有小黑点，但是经过烧烤之后，通体被熏黑，根本看不出来了，剥开之后，里面是诱人的金黄色。很快就吸引了一大批的人围观，围观的人纷纷掏钱购买，原本5块一斤的香蕉，结果卖出了十几块的价格，而且因为不错的客流，带动了其他水果的销量。

在犹太人的眼中，用脑赚钱是最可靠的方式，一大批快要坏的香蕉就这样轻松地卖了出去。在现实生活中，如果我们遇到类似的事情，不妨也开拓一下思维，也许会有一个不错的结果。

4.“卖豆子”思维

犹太人在传授孩子致富经验时，经常会讲卖豆子的故事。故事内容大致是这样的：一袋豆子拿到集市上售卖，如果没有人购买怎么办？那就把豆子带回家将其浇上水，培育成豆芽再进行贩卖。如果豆芽还卖不出去怎么办？那就将这些豆芽继续培养成豆苗，当作盆景进行售卖。如果这些盆景还卖不出去怎么办？不要气馁，直接把这些豆苗移植到泥土里，让它们重新长成一批豆子。如此循环往复下去，便可以累积更多的财富。

这则故事告诉我们：其一，要有变通思维，如果一种东西卖不出去，就让它产生其他的价值再卖；其二，一时的失败不要气馁，只要持之以恒，早晚都会成功。我们的人生也是如此，就像一颗豆子，要实现价值，需要经历磨难，才能蜕变成最合适的样子。

5.“做富人”思维

中国有句古话“近朱者赤，近墨者黑”，接近好人可以使人变好，接近坏人可以让人变坏。在《塔木德》中，有一种“做富人”思维，意思是说，模仿那些富人的生活，学习他们为人处世的智慧，就可以更容易获得成功。

在很久以前，一个贫穷的犹太人拜访当地的一位百万富翁。贫穷的犹太人对富翁说："我愿意在你的家里给你干活三年，我不要一分钱，但是你要让我吃饱饭，并且有地方让我睡觉。"富人觉得这真是少有的好事，立即答应了这个穷人的请求。三年后，服务期满，穷人离开了百万富翁的家，不知去向何方。

很快，十年的时间过去了，昔日的那个犹太穷人已经变得非常富有了，身价是当初那位有钱人的好多倍。那个百万富翁登门拜访，说愿意出10万块钱买他致富的经验。犹太人听了后哈哈大笑："我之所以变得富有，是因为在你家里工作，学习了赚取财富的经验。"

青，取之于蓝而青于蓝；冰，水为之而寒于水。一个人如果能够模仿那些富裕人的生活，从他们身上学习致富经验，必将有助于成功致富。

比财富更重要的是创造财富的思维能力。犹太人有一句格言："只要能够正确使用，你的头脑就是你最有用的资产。"他们的信条是: 智慧化入金钱，才是活的智慧; 金钱化入智慧，才是活的金钱。

积累财富是从少到多的过程

关于财富的积累，犹太人有着自己独特的见解，他们认为这是一个从小到大、积少成多的过程。

1. 从一美元到首富

犹太人在对自家的孩子进行教育的时候，总是教导他们应该从普通的小事做起，不能瞧不起小事。唯有做好了小事，才有可能做大事。不仅要能做大事，而且也要能将小事做好。

在一个破旧而脏乱的候车室内，有一个老人满脸疲惫地坐在靠门的座位上，浑身上下都是灰尘，而且鞋子上也沾满了污泥，这充分表明他走了不少路。列车缓缓地驶进站台，候车室内开始检票了，老人不慌不忙地站了起来，打算向检票口处走。

这个时候，一个胖夫人走进了候车室。只见她一只手提着一个大箱子，另一只手牵着一个孩子。很显然，她也是要赶这班列车。但是，那个箱子太沉了，把她累得呼呼喘粗气。胖夫人不经意间看见了那个老头，心想：这个老头应该是干力气活的人。于是，她大声冲着那个老头喊道："喂，老头，你过来给我提这个箱子，我会给你一些小费的。"那个老人听到之后下意识地回了头，看了胖夫人片刻，然后走过来接过胖夫人的大箱子，与胖夫人一同走向检票口。

这位胖夫人一边走一边与这个老头交谈，说他这么大年纪了，出来找活太不容易了，应该回家享受天伦之乐。不知不觉，他们已经通过检票口上了车。

他们刚上车没过多长时间，火车就启动了。这位胖夫人擦了一下脸上的汗水，非常庆幸地说道："这次多亏了你，否则，我肯定会误车的。"她一边说，一边掏出一美元递给那个老人，老人面带微笑，礼貌地将钱接了过来。

这个时候，列车长走进了车厢，来到老人面前，说道："你好，洛克菲勒先生，欢迎你乘坐本次列车，请问我可以为你做些什么吗？"

"谢谢，不需要了，我只不过刚完成了一个为期七天的徒步旅行而已，现在我要返回纽约总部。"老人十分客气地回答道。

"什么？你是洛克菲勒先生？"胖太太相当惊讶地叫道，"上帝，我居然让闻名世界的石油大王——洛克菲勒为我提箱子，而且

竟然还给了他一美元的小费，我到底做了些什么啊？”她急忙诚恳地向洛克菲勒道歉，并且请洛克菲勒退回她那一美元小费。

“太太，你不需要感到抱歉，因为你真的没做错什么。”洛克菲勒面带微笑，平和地说道，“这一美元，是我的工作所得，因此，我应该收下。”洛克菲勒一边说一边郑重地将那一美元放进兜中。

唯有做好一件又一件小事，才能够做成大事。完全可以这么说，倘若洛克菲勒没有做好类似无数个一美元的小事，没有这样的积累，那么他也不可能成为后来的亿万富翁。

2. 小生意大利润

犹太人认为，不管生意有多小，都能够做成大生意。在他们看来，当上帝给你一分钱时，你应当对上帝表示感谢，这也是一笔财富，而你应该怎么做才是问题的关键。绝大多数的人总在想做些大生意，能够让自己在短时间内快速地富起来。将那些不切实际的幻想都丢掉，赶紧静下心来，将身边的小生意做好，如此一来，你同样能够成为富翁。

有一个名叫雅克·博雷尔的犹太裔法国人，在法国有着很高的声望，法国人基本上天天都要与他打交道，他是法国快餐业的大亨。1958 年，他参观了意大利庞贝废墟，在此期间，他的脑海中突然产生了灵感，认定快餐一定会成为一种时尚。回到巴黎之后，他开始经营快餐店，他在对快餐店进行设计的时候，借鉴了庞贝古城的奴隶餐厅，快餐店的装修风格几乎与奴隶餐厅一样。

法国人已经吃惯了大菜，猛然见到了这个“奴隶餐厅”，立即被其吸引了。于是，博雷尔经营的快餐店快速地发展起来，并且开始不断地增开连锁店，生意做得相当红火。

然后，博雷尔又向公司推荐自己的自助餐厅。经过努力，他成功地将一家保险公司负责人说服了，从此包揽了这家公司雇员的午餐。就这样，15年过去了，他的公司餐厅越来越多，已经达到了800家左右。

没多长时间，他又发现有些公司因为规模比较小，根本没有属于自己的餐厅。于是，他就将自己的午餐券卖给他们。公司的人拿着这种餐券，就可以到他在附近开的餐馆中吃饭。如此一来，公司的雇员不仅花钱少了，而且吃得也好了，雇主的开销也随之大幅度减少，与此同时，博雷尔的生意也越做越大，可以说是一举多得。

不久之后，他又将注意力放到了汉堡上。汉堡属于德国产品，法国人会爱上这种食品吗？不少人都不看好，都觉得他涉足汉堡生意无异于自杀。然而，事实证明这些人错了：法国人不仅吃了汉堡，而且还吃得非常香。20世纪60年代末，博雷尔又有一个奇异的想法：创办汽车快餐馆。于是，很多国家，比如法国、葡萄牙、意大利等的公路边上，开始出现博雷尔开的汽车快餐馆。

就这样，博雷尔依靠自身的勤奋，从小生意开始做，在坚持不懈的努力之下，最终成为了一代令人羡慕的富豪。

3. 积攒小钱赚大钱

《塔木德》是犹太人的经典，其中有一句始终激励诸多犹太人的话：财富好像一棵高大的树木，它是从一粒小小的种子发育而成的。金钱即小小的种子，你越是努力地对它进行栽培，它的成长速度就越快。犹太人始终坚信这种理念，并用它来对自己的人生实践进行指导。史威特就是秉持这种理念，并依靠它获得成功的。

史威特是一个在商界有很大名声的人。他在耶路撒冷长大，在

他很小的时候，父亲就去世了。他的母亲开了一家规模比较小的杂货店，以此来赚些钱供他上学，直至他大学毕业。史威特从小非常听话，知道母亲挣钱不容易，所以自小就立志要成为一名富翁，以便能好好地孝敬自己的母亲。父亲死后，母亲担心自己再婚会对史威特造成伤害，因此一直单身抚养史威特。史威特十分爱自己的母亲，在母亲再婚的事情上听从了母亲的意见，并且越发努力，最终走进了成功的大门。他在世界很多地区，如欧洲、北美洲以及亚洲等，都有分公司与代理公司，拥有上百亿美元的资产。

虽然他一直想做大买卖，但他手中没有足够的资金，不过，他知道积累小钱可以赚大钱，所以他一边很辛苦地省钱，一边仔细地观察着市场的动向。那个时候，很多地区经常出现水灾，受灾地区急需大量的物资，而运送物资就需要很多船只，但大船是没有办法深入内河地区的，而小船又非常稀少。向来敏感的史特威知道这是一个挣钱的好机会，就用几年来积攒下来的钱建造了一艘拖船。尽管这艘拖船不大，但他仍然有声有色地做起了物资运输生意。没过多长时间，他就净赚了 100 万美元。

他也很清楚小船不可能干大事，如果想要自己的财富得以增值，那么就必须找寻新途径，于是，他将注意力转移到了陆地上。这个时候，正好处于以色列汽车业的飞速发展期，其需求量很快从原先的 4000 辆增长到了 8000 辆。不管是城镇的公路上，还是地区的公路上，经常可以看到各种各样的车辆，来来回回，一刻也不停止。史特威看准了这个时机，开办了一家汽车修理厂。汽车修理厂一开张，生意就十分火爆，员工数目也是迅速增长，没多长时间，就由之前的 31 人增加到了 100 人。

接着，史威特又与别人合资创办了一家机械制造厂，开始做汽车制造的生意。就这样，十年来，他不断地寻找着新的发财途径，从海上到陆地，他涉足了各种各样的行业，最后终于成为了一代富豪，是商界人人羡慕的大亨。

其实，在犹太企业界中，有很多像史威特这样的人。他们拥有超凡的魄力，敢于主动投资，懂得小与大的辩证哲学，一次次得到财富女神的青睐，顺利地进入了成功的殿堂。

种子不能吃，本钱不能花

在《塔木德》中有一则箴言：可以将小麦借给佃户做种子，但做种子的小麦是不能食用的。这一箴言在犹太人中已经流传了几千年，并且备受犹太人的推崇。

它的商业解读为：本钱是用来赚更多钱的，所有者一定要谨慎经营，不能随意将其挥霍掉。

对于这一箴言，犹太人有着相当深刻的理解。在他们看来，将小麦借给佃户作为种子使用，至少还有可能归还；将作为种子的小麦磨成面粉，然后做成面包来填饱肚子，就属于纯粹的消费行为，吃完之后不得不再出去借，如此一来，借种子的人就会陷入贫穷的恶性循环中，而出借者的利益也会遭受损失，这样的账就非常有可能变成呆死账。

约翰·洛克菲勒是美籍犹太人，从小就坚信这一箴言的正确性。

1858年，约翰·洛克菲勒的父亲将1000美元借给了他。那个时候，他只有19岁，是一个刚毕业的中学生，手中有800美元积蓄，

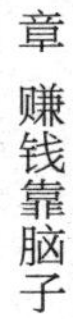

加上父亲的钱总计 1800 美元。

洛克菲勒并没有随意地挥霍掉这 1800 美元，而是与一个名叫克拉克且比自己大 10 岁的人一起做生意。他们合伙开办了一家公司，主要经营肉类与谷物，正式拉开了资本原始积累的帷幕。

1860 年，美国宾夕法尼亚州发现了石油。一时之间，数不清的人犹如汹涌的潮水一样朝着美国宾夕法尼亚州涌去。于是，那里到处都是采油区井架，而原油的产量随之迅速提升。但是，洛克菲勒在认真地进行了实地考察之后，得出一个结论：原油产量迅速提升，肯定会造成油价出现暴跌的结果，所以，他没有盲目跟风。

果然，人们那样疯狂地钻油致使油价飞速地下跌。3 年之后，原本每桶 20 美元的原油已经下降到了每桶不足 10 美分。这个时候，洛克菲勒觉得“种子发芽的机会”来了，是时候对原油进行投资了。于是，他将肉类与谷物公司的股权都转让给了克拉克，与安德鲁斯合资开办了一个炼油厂，全心全意地经营起了石油事业。因为他们引进了新技术，所以他们的公司飞速地发展壮大，很快就成为了当地规模最大的炼油公司。

就在“小麦发芽”时，洛克菲勒找弟弟威廉进行游说，让他也加入进来，创办了第二家炼油公司。这家公司经营石油进出口贸易，以此来降低石油质次价乱的风险，而洛克菲勒本人则坐镇全局。他认真地制定了质量管理标准，努力地减少成本，使价格降低。为了有效地降低成本，他自己制作炼油时使用的硫酸，购买油船与输油管，精心地对自己的“麦田”进行管理，最后终于将当地 26 家石油公司中的 21 家控制在自己的手中。

于是，石油帝国初步形成了，洛克菲勒意识到巨大的帝国难以控制的危机。有一天，他偶然看见了一篇文章非常兴奋，因为文章阐述了一个观点：“小商人时代已经结束，大企业时代已经来临”，这与他的想法不谋而合。于是，他花费高额的薪水将那篇文章的作者聘为自己的私人顾问。作者为了报答洛克菲勒的知遇之恩，提出了一个理论——“托拉斯”理论，也就是说生产同类产品的多家企业高度进行联合，组成集团对市场进行垄断。洛克菲勒运用这个理论将全国 80% 的炼油工业与 90% 的油管生意垄断了，成就了美国历史上的垄断时代——一个从未有过的崭新时代。

在中国，洛克菲勒推行“点燃亚洲光明之灯”计划，将几百万盏价格便宜的油灯送给广大群众，促使中国人花钱买他的煤油。

1884 年，洛克菲勒的石油公司成为全球最大的石油企业。最后，该公司定名为美孚石油公司。就这样，1000 元借来的“小麦”迎来了高产。

1896 年，洛克菲勒正式退休。1937 年 5 月 23 日，98 岁的洛克菲勒去世了，他是那个时代美国著名的十大超级富豪之一，他的家族也是现在美国名声最旺的家族之一。

犹太人表示，从商者应当将回收资本的环境与条件考虑好，将怎样制定合理的价格考虑好，将怎样提供与消费者要求相符的商品及让消费者满意的服务考虑好，这才是顺利将成本收回的基础。

犹太人坚信：“种子是用以换取秋收的，不能食用”，即本钱只能做本钱！

丢掉相似性，敢于创新

哲学家认为，世界上没有完全相同的两片树叶，生活中也没有完全相同的两件事情。但是，我们都处在工业社会中，日常的衣食

住行都不可能离开工业化生产，而流水线上生产的产品相似性越来越高，这让我们慢慢地丧失了差别性。因此，标新立异成为了现代社会的主题。如果你想要自己的人生获得成功，那么就应该匠心独运，才能拥有不一样的风采。

1908 年，伦敦的一个普通的犹太人家庭迎来了一个新生命，他就是亨利·彼得森。在很小的时候，亨利·彼得森就跟着父母移居到了纽约。在 14 岁的时候，亨利·彼得森的母亲因为过度劳累而病倒了，他被迫从原来的半工半读到直接辍学，到社会上打工挣钱贴补家用。

在 16 岁的时候，亨利·彼得森来到一家珠宝店当学徒。他非常努力地学习，手艺越来越好，名声也越来越大，来找他的人也越来越多了，这惹怒了他的老板，最后他被老板赶了出去。

在这种情况下，亨利·彼得森的脑海中突然闪现了一个念头，大家都说赚钱的途径不可能离开女人与孩子，而女人恰恰最喜欢首饰，在女人看来，结婚是一辈子的大事，那么我为什么不能生产戒指呢？于是，他将自己的事业放到了戒指上，创立了一个生产戒指的公司。

为了表现自己的产品与别的首饰厂家是不一样的，他给公司起了一个名字：特色戒指公司。但是，订婚戒指的生产由来已久，如果想要在这一行业做出巨大成绩，就一定要将自己的经营特色突显出来。

那么如何才能闯出自己与众不同的特色呢？在经过认真的考察之后，亨利·彼得森决定将思考重心放到订婚戒指图案的表现手法上。象征着爱情的首饰大部分都是用心形来构图的，广大的消费者已经接受且认可这种设计，亨利·彼得森也不例外。但是，在表现手法上，亨利·彼得森做出了自己的特色：他将宝石雕成两颗心相互拥抱的状态，象征着一对恋人心心相连；用白金铸成两朵花托住宝石，代表着爱情的纯洁和美好，其中，一朵白金花蕊中有一个天使般的男婴，另一朵白金花蕊中有一个天使般的女婴，以此来表示祝福新郎新娘的美满婚姻……仅仅这个设计就可以看出亨利·彼得森独特的巧妙心思。

但是，亨利·彼得森独具匠心的地方，还不仅仅是这些。他设计的戒指从表面上看是一样的，实际上各有不同之处，文章就出现在男婴与女婴所牵的银丝线上。在那银丝线上有不少看起来好像多股绳搓在一起的“皱纹”。这些“皱纹”均为手工刻出来的，其数目能够随意地进行增减，这样就为购买人预留了做记号的余地，比如，男女双方的订婚日期、结婚日期或者双方生日等，都能够通过银丝的“皱纹”数目来表示。

亨利·彼得森的这个艺术设计为其事业的成功奠定了坚实的基础，生意也慢慢地兴隆起来。

1948 年，亨利·彼得森又设计出了镶戒指的“内锁法”，那是由一次加工引发的。一个富人拿着一枚蓝宝石来找他，希望他能够镶一枚独特的戒指。他打算将这枚与众不同的戒指送给一个女影星作为生日礼物。

亨利·彼得森很清楚，单纯地在图案上动脑筋不可能有惊人的设计，只有在那颗宝石上下功夫了。通过一周的研究试验，他发明了一种新连接方法，即内锁法。利用这种方法制作出来的首饰，90% 的宝石暴露在外，只有底部一点点宝石像果实和果蒂一样与金属相连接。

很快，亨利·彼得森的这项发明获得了专利，珠宝商们也都争抢着购买。就这样，亨利·彼得森没有花一分本钱，就赚了大量的技术转让费。正是由于这些别具一格的设计，使得亨利·彼得森的事业迅速地发展起来，生产规模飞速扩大，雇员人数快速增加。在不懈的努力之下，亨利·彼得森也赢得了人们的认可与敬仰。

可以这样说，亨利·彼得森的“特色戒指公司”之所以能够在白热化的竞争中脱颖而出，完全归功于他的创新。尽管他从来没有公布过“特色戒指公司”的营业额，但是从他每年为曼哈顿制造厂支付的4.5万美元租金中，我们不难看出，他的“特色戒指公司”的状况肯定不错。就这样，敢于创新的亨利·彼得森一步步地登上了事业的巅峰。

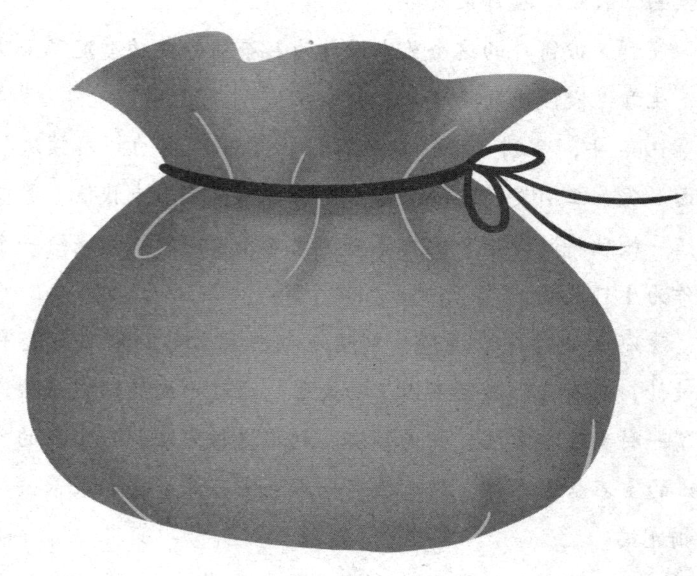

第二章 赚有钱人的钱

没有互让余地的“78 ∶ 22法则”

在《塔木德》中有一个没有互让余地的永恒法则，那就是“78 ∶ 22法则”。

在犹太人看来，宇宙和生活是相依生息、相容无悖的。所以他们将“78 ∶ 22法则”当作生存法则，并将其运用到了变幻莫测的商海中，使自己拥有了前进的方向与精神的支柱。

犹太人表示，“78 ∶ 22法则”是他们成功致富的根本所在。那么“78 ∶ 22法则”到底是什么呢？所谓“78 ∶ 22法则”，从严格意义上来说，应当是“78.5 ∶ 21.5”，只是为了简便，才将之叫作“78 ∶ 22”。假设一个正方形的面积为100，那么，这个正方形的内切圆面积就是78.5，而剩余的面积就是21.5。用整数来表示的话，就是78 ∶ 22。

非常巧合的是，在空气中，氮气所占的比例为78%，其他气体所占的比例为22%。对于人类来说，这个78 ∶ 22的数据就像是一个没有办法抗拒的自然法则。如果人类违背了这个法则，那么将会无法生存。试想一下，倘若空气中其他气体与氮气所占的比例倒过来，即其他气体占78%，氮气占22%，人类还能生存下去吗？所以，犹太人认为“78 ∶ 22”是一个不可改变的永恒法则。

犹太人觉得，做生意也应该顺应“78 ∶ 22法则”。在一个国家当中，与普通大众相比，富有之人必然是少数的，但他们所持有的财富却比大部分人多得多。换句话说，通常，普通大众拥有22%的货币，而富有之人拥有78%的货币。所以，如果在做生意的时候，将富人作为主要对象，那么肯定会赚钱的。

很快，犹太人就从商业实践当中找出了证明，与生产和经营自行车的企业相比，生产和经营汽车的企业要赚钱得多，这是由于购买自行车的是普通大众，属于78%范围内的人；而购买汽车的人则为富人，属于22%范围内的人。

同理，与卖普通服饰的商店相比，卖珠宝首饰的商店可以得到更为丰厚的利润。纵观整个世界，大部分的犹太商人从事的“第一商品”为金、银、珠、宝、裘皮等。虽然这些商品价格十分昂贵，但是却是富有之人需要的，一定能够获取丰厚的利润。

这样看来，“78 ：22法则”确实是一个“真理”，在不知不觉中对我们的生活产生着极大的影响。犹太人毫不犹豫地把它当作经商的基础，凭借“78 ：22法则”赢得了众人羡慕的巨额财富。

阿卡德是美籍犹太人。二战初期，阿卡德的父母为了躲避法西斯的迫害来到了美国，并且在这里生下了阿卡德。或许真的是“自古英雄多磨难”，阿卡德在上初中的时候，他的父亲因为过度劳累，早早地去世。因为父亲是家中的顶梁柱，他的突然死亡，使得家中一下子没有了生活来源，阿卡德也被迫辍学。阿卡德辍学之后，就去找工作挣些钱来贴补家用，以便家庭生活能够维持下去。

阿卡德是一个不甘心被命运左右的人，虽然生活非常艰难，但是他仍然在工作的同时，想尽一切办法求学，他一边工作一边通过自学的方式来汲取知识，将大学读完了。而且，更为重要的是，在此期间，他通过自己认真地观察，加之自己努力所学的知识，慢慢地认识到一个道理：78%的生意源自22%的客户，这就要求企业必须认真地对客户的构成进行研究与分析，应该在那22%的最主要客户身上用78%的精力，而非将精力平均地使用。所以，勤奋好学、擅长思考的阿卡德以后在工作的时候，总是会将自己主要精力放在那些富有的客户身上，并且获得了相当好的成绩。在短短两年内，他就成了一名拥有百万财产的富翁。

后来，阿卡德开办了一家投资公司，他知道各个国家的经济正在飞速地发展，都需要很多的资金，而以分散的资金放高利贷不可能形成优势。于是，他想到了一个好主意——将犹太人分散的资金集中起来，通过吸纳个人资金的方式积累资金，用来购买耗资多且回报率比较高的股票、股权或其他项目。这样做不仅满足了企业发展的需求，而且还使得当地政府资金困难的难题得以解决，与此同时，自己又能够从中获得不菲的利润。由此，阿卡德慢慢地成了华尔街上一位名声斐然的大人物。

在说到自己成功的秘诀时，阿卡德是这样说的："我是依靠'78 ∶ 22 法则'取得现在的成绩的。"在这个世界上，存在着太多的"78 ∶ 22"现象。由此可以看出，作为一个商人，如果能严格地遵循这种规律，那么想要达到致富的目的就变得比较容易了。

威廉·穆尔是美国著名的企业家。他曾经为格利登公司卖过油漆。第一个月，他仅仅赚了 160 美元，可以说是很失败的。在这种情况下，他仔细地对犹太商人的"78 ∶ 22 法则"进行了研究，认真地对自己的销售图表进行了分析，得出一个结论：他的 80% 的收益确实源自那 20% 的客户，然而，他将精力平均地分给了每一个客户，这是导致自己失败的根本原因。于是，他开始有意识地将主要精力放到最具希望的客户身上。没过多长时间，他就得到了 1000 美元的收益。就这样，穆尔理解并掌握了犹太商人推崇的"78 ∶ 22 法则"，连续 9 年坚持不懈地应用这一法则，使得他最终晋升为了凯利·穆尔油漆公司的主席。

现在，我们再来看一下"只有一位顾客的商店"是怎样高价挣富有之人钱财的。

在圣诞节期间，购物进入了高潮，位于美国曼哈顿第五大街上的大部分商店中都有非常多的顾客，店内异常拥挤。然而，有一家名字叫作毕坚的商店却与众不同，它重门深锁，店里只有一位顾客。这家商店中的东西都十分昂贵，一瓶香水就要1500美元，一套衣服至少要卖到2200美元，而Chinchilla牌床罩更是贵得厉害，要9.4万美元。因此，一次有一名顾客上门就足够了。

全球有50多个国家与地区的王公贵人、富豪都曾经选择了毕坚的服饰。美国前总统里根、约旦国王侯赛因、西班牙国王卡洛斯以及不少很有名的艺人，都曾经是这家店的常客。另外，这家店对于每一个顾客上门都要保密，这样就更好地提升了自家店的地位与身份。

毕坚商店在销售自己的商品时，就运用了“78 ： 22法则”，将销售对象定为各大富豪和达官贵人，最终取得了成功。

犹太人是最会做生意的人，他们经商的点子是世界上价值最大、最为实用的点子，往往能够“一点到位”“点石成金”。几千年来，犹太商人出现在世界各个地区，最擅长投资理财、商业谈判、分析股市行情、做公关与广告宣传活动等，他们总结出了一整套科学而合理的生意经。其中，“78 ： 22法则”是这套生意经的根本。犹太商人就是凭借熟练地运用这一法则，将自己的钱袋子越装越满。

反道而行的厚利适销

犹太商人认为，名贵的商品都是为拥有巨额财富的大财主准备的，因为每个大财主都聚敛了大量的金钱，不管哪一种奢侈都能痛快地享受。名车、豪宅、奢侈的宴会等迹象已经表明，这个世界已开始将手伸到财主的口袋里了。那么应该怎样独辟蹊径，才能够比较容易地从财主的口袋中掏出钱呢?

按照犹太商法，穷人想要从财主身上赚钱，就不能只是对自己不济的命运进行慨叹，而应当吸取财主致富的思想，认真对自己的心态进行调整，依据财主的思维进行思考。

为了赚取财主的钱，通常，犹太商人不会选择“薄利多销”的买卖。在他们看来，薄利竞争就好像将绞索套在了脖子上，是相当愚蠢的。他们选择的都是“厚利适销”的生意。他们还觉得，同行之间在竞争的过程中,往往希望以低于竞争者的价格将商品卖出去，这种心情无可厚非。但是在考虑低价进行销售之前，应当认真考虑多获得一些利润。倘若大家都采用低价的策略进行促销，那么厂商肯定不可能长久地维持下去。更何况，市场毕竟是有限的，当商品占有率到了某种程度之后，即便价格再低，也不会有很多人购买。

因此，犹太商人反对“薄利多销”的营销策略也是有道理的。在他们看来，营销策略是灵活多变的，为什么要选择下策而不选择上策呢？卖三件商品获得的利润与卖出一件商品获得的利润相等，这是一种事倍功半的做法。上策就是卖出一件商品，就要获得一件商品应当得到的利润，这样不仅可以很好地将各种经营费用节省下来，还能够促使市场保持稳定，而且很快能够按照适当的价格将另外两件商品卖出去。而用低价一下将三件商品卖出去，市场已经达到饱和了，你再想要多销也没有人购买了，与高价卖出相比，利润就少了很多，并且还会对市场后劲造成很大的不利影响。

犹太商人在做生意的时候，除了坚持“厚利适销”的营销策略外，为了避免别的商人“薄利多销”对自己产生的冲击，他们宁可售卖价格昂贵的消费品，也不会售卖价格较低的商品。所以，在世界上所有经营珠宝、钻石及金融证券等生意的人中，大多数都是犹太人。

犹太商家推行的“厚利适销”策略，实际上属于一种“逆向思维”，在商品经济长时间发展的过程中，市场竞争日益白热化与多样化，形成了不少模式与规律，人们将之叫作传统竞争术。有些具备创造性思维的经营者为了采用令人意想不到的方式获得胜利，经常会施行别出心裁的竞争手法。而犹太商人的“厚利适销”营销策略，是将富豪与巨额营业作为目标的。珍贵的钻石、珠宝、金饰等，只有富有之人才能够购买。他们讲究身份，不会太计较价格，倘若商品的价格太低，反而会令他们有所疑虑，因为绝大多数人都深信“价贱无好货”。犹太商人正是抓住了人们的这种心理，在营销的时候采取了“厚利适销”的策略。即便卖的是珠宝首饰等，也都采用“高价厚利”的营销策略。

举个例子来说，一个名叫施特劳斯的犹太人开办的梅西百货公司，是美国最大的百货公司之一，与其他商店的同类产品相比，它卖的日用百货的价格要高大约50%，但是它的生意依旧非常好。比如，1993年，在全美国100家最大的百货公司中，梅西百货公司的销售额排名第26位，但是它获得的利润却有5.44亿美元，排名第4位，可以与年销售额341亿美元、排名第3位的凯马特百货公司相提并论。

犹太商人在营销过程中推行的“高价厚利”策略，看似是着眼于富人，实际上是一种极其巧妙的生意经。在西方社会中，不乏讲究身份、推崇富有心理之人，根据犹太商人的统计分析，那些流行于富有阶层的商品，通常在大约两年后就会流行于中下层社会。为什么会出现这样的现象呢？其实，道理十分简单，处于中下层社会的人士，其收入介于富裕阶层和下层社会之间，他们往往想要挤进富裕阶层，为了使自己的这种心理需求得到满足，他们总是会向富人看齐，所以，他们也经常购买一些高贵而时髦的新产品。

而处于下层社会的人士由于收入不太多，经常出现力不从心的现象。尽管他们消费不起那些价格昂贵的产品，但在崇富心理的驱使之下，不少爱慕虚荣的人会选择不惜一切代价买下来。受这样连锁反应的影响，价格昂贵的商品也开始流行于社会各个阶层。比如，不管出于哪个阶层的妇女，不都喜爱昂贵的金银珠宝首饰吗？

由此可以看出，犹太商人推崇的“厚利适销”营销策略，并非只是针对富人的，而是盯着整个社会的大市场，而且与市场的需求也是相当符合的。

关注有钱人的流行趋势

通常，流行可以分成两种情况，一种来源于富有之人，另一种则发端于平凡大众。源自平凡大众的一般来势都十分凶猛，而且流行面也非常广，但是维持的时间比较短，比如，曾经在中国流行的“呼啦圈热”，可以说一闪而过。而源自富有之人流行趋势尽管发展比较缓慢，但是却能持续很长时间。一般来说，从富有之人普及到平凡大众至少需要两年的时间，而如果你能够在这两年时间内将流行的趋势把握住，那么肯定能够获得商机。

常言道：“人往高处走，水往低处流。”一般人都会对上流社会比较向往，而且很愿意和上流社会的人进行交往，而流行于上流社会的服饰等也会在很大程度上吸引着一般人，促使不少人，特别是女性，争抢着去模仿。所以，犹太商人经常会巧妙地对于人们这种心理加以利用，从而对流行的趋势进行操纵。

罗斯柴尔德是一个犹太大富豪。他在发迹的时候，就是促使古币收藏先流行于上流社会,然后再慢慢地在中下层社会中普及开来。另外，具有“汉堡大王”之称的日本人藤田田的发迹史也充分地体现出了流行观。

藤田田先生不但依靠卖汉堡来赚钱，而且还经营时装、钻石、高级手提包等，从女人与小孩身上挣钱。

在经营的过程中，他先将注意力放在上流社会中富有之人的流行趋势上，不管是服饰的色彩，还是钻石的花样，抑或是手提包的样式，都是根据富有之人的喜好特别制作的。结果，他经营的商品不但卖得非常好，而且 20 年来一直引领着时尚。当然了，藤田田先生能够打败竞争对手的根本原因，还在于他擅长站在实际的角度看问题，并且灵活多变，懂得变通，绝对不是仅仅经营流行于欧美国家的服饰。因为在欧美国家盛行的那些服饰仅仅适合白种女性，将她们的金发碧眼、修长身材衬托得更加美丽。而日本女性的头发是黑色的，皮肤是黄色的，而且个子也不高，根本不适合那些欧美版型的服饰。即便富人拥有再多的钱财，也不愿意购买不合适的东西。

在飞速发展的现代社会中，市场可以说是瞬息万变，想要准确地把握一种流行趋势非常困难。这就要求每个商人不管在做什么样的决策之前，都一定要仔细地对市场进行研究与分析，不仅要能够赶上潮流，而且还要能够超前于潮流。因为人们的需求并不是一成不变的，市场处于不断的变化当中，一种产品在今天十分畅销，并不意味着明天仍然畅销。因此，犹太商人会经常关注有钱人的流行趋势，为自己日后的经营奠定良好的基础。

女人的钱最好赚

在现代社会中，大多都是男人挣钱，女人用男人挣的钱养家。虽然挣钱的是男人，但是女人却握着开销权。与掏男人的腰包相比，掏女人的腰包不仅机会多，而且更容易。所以，想办法打动女人的心，做起生意来会变得很容易。

施特劳斯是一个犹太人，小时候当过童工，后来，做过小商店的店员。他在打工的过程中注意到，绝大多数都是女性顾客，即便有男士陪同女士前来购物,但也都是女性掌握着是否购买的决策权。

施特劳斯以自己的切身观察与分析作为根据，认定做生意将注意力放到女性市场上会有更好的前景。当他通过不断的努力积累了一部分资本之后，就开了一家小商店，名叫“梅西”，主要经营女性时装、手袋以及化妆品等。经过几年辛苦的经营之后，果真收获了丰厚的回报。他继续朝着这个方向努力，扩大经营规模，使得营业额快速地增长起来。

施特劳斯对自己的经营经验进行了认真的总结，然后又开始经营一些名贵产品，比如钻石、金银首饰等。在纽约，他所经营的“梅西”百货公司共有 6 层展销铺面，其中，一层用以钻石、金银首饰的展卖，一层用以化妆品的展卖，两层用以时装的展卖，其他两层用以综合各类商品的展卖。

经过 30 多年努力，施特劳斯将“梅西”公司发展成为世界著名的高级百货公司。

由此可以看出，“梅西”公司经营的产品中绝大多数是女性商品。而这也是他最终能够取得成功的主要原因。

美国犹太商人基廷也是一个擅长运用“女性生意经”的好手。现在，我们一起来看看他的故事吧。

在繁华的纽约54街，基廷经营着一家百货商店。这里不仅位置优越，而且人流量也大，但刚开始的前两三年，基廷的生意做得并不好，这让基廷感到不解。不过，基廷是一个擅长动脑筋的人，决定前往那些生意好的地方进行一番考察。

在经过很长一段时间的观察之后，基廷总结出了一条规律：平常的时候，来百货公司买东西的人80%都是女性，即便有男人来商店，大部分也是陪自己的妻子来购物的，很少有男性会单独出来购物。而在这些女性顾客中，白天来购物的大部分是家庭妇女，晚上5点半之后来购物的多是下班之后的年轻职业女性。

意识到这点之后，基廷做出了一个决定：转变自己的百货商店的营业对象，将经营重点放在女性身上。

为了尽量吸引女性的眼球，他充分地对自己的营业面积进行利用，将正常的营业时间做了一个针对性的调整——将营业时间一分为二，白天他将家庭妇女感兴趣的实用类商品，比如实用衣着、内裤、衣料、厨房用品以及手工艺品等摆出来卖；晚上则将自己的商店改为一家专门卖时髦用品的商店，使得整个商店充满了朝气蓬勃的气息，从而更好地迎合了那些年轻的女性。商店中到处陈列着年轻人喜爱的商品，比如迷你裙、香水、内衣等。只要是年轻女性需要与喜欢的，他都尽可能地将其摆放在柜台上。

果然，基廷的这种新式经营方法获得了很不错的效果，越来越多的人选择来他的商店购物。不过，没多久，他又遇到了新问题：他的营业面积实在是太小了，根本不可能做到像大的百货公司那样拥有各种花色品种。于是，基廷需要做出选择，要么维持现有状况，要么向专业化方向发展，只做一类商品的生意。在慎重地思考之后，他决定撤下其他商品，专门经营袜子与内衣。

起初，商店的常客并不理解基廷的这种经营方式，但他坚信自己的选择是正确的。没过多长时间，基廷这间专门经营袜子与内衣的商店的名声越来越响，不少女性都选择来这里购买袜子与内衣。在其他商店卖 4 美元一双的袜子，基廷尽可能低价进货，然后以 3 美元一双的价格卖给顾客，与此同时，还大大增加了袜子的种类。2 个月后，与之前相比，袜子的销售额居然增加了 5 倍。

袜子的销路赢得了成功，基廷依样画葫芦又开始在内衣上动脑筋，他特意从法国进购了不少最为流行的样式，并且很巧妙地进行了宣传。那个时候，内衣的样式并不是很多，一旦有新款式，立即就会盛行开来。不久，人们都知道了基廷的商店中有世界上最为流行的内衣，不少女性马上跑来这里购买。实际上，与别的内衣相比，基廷进购的内衣只是更性感罢了，但是却恰好符合女性心理需求，所以，内衣一下子畅销开了。

没多久，基廷的分销点就有 100 多家了。

正是因为基廷完全站在女性的角度考虑问题，才使得自己的商店成了大多数女性喜欢光临的地方，最终才赚得盆满钵盈。

犹太人告诉我们，做生意的最佳选择就是做女人的生意，因为她们在很多方面舍得花钱。

人们最愿意往嘴上花钱

犹太商人表示，不仅女人的钱好挣，挖嘴巴的钱也不算困难。在他们看来，嘴巴就是一个消耗的无底洞，世界上现在的“无底洞”多达70多亿个，有着相当大的市场潜力。为此，犹太商人会想方设法地经营一切能“被吃”的店铺，比如，食品店、粮店、肉店、蔬菜店、鱼店、水果店、餐厅、酒吧、咖啡馆以及俱乐部等，数不胜数。有一个犹太食品公司是这样设计自己的广告词的：“除了毒药，只要是能吃的，我们都卖。”

在犹太人的眼中，吃到嘴中的东西一定要消化与排泄，不管是价值1美元的冰淇淋，还是价值10美元的牛排，吃到肚中几个小时之后都会转化成废物，然后排泄出去。这样不停地循环消耗，新的需求也随之不断地产生，商人就能接连不断地从经营中赚钱。与经营女性用品相比，经营食品的见利会慢一些，因此犹太商人将女性商品列为“第一商品”，而将食品列为“第二商品”。然而，尽管经营女性用品比较容易赚钱，但是依旧需要一定程度的经商才能，不管是商品的选择，还是商品的推销等，需要的智慧都是比较高的。可是，做“嘴巴生意”就不同了，即便是智力平凡的普通人，也可以做得很好。

在20世纪70年代初期，日本汉堡店的创始人和美国麦当劳快餐公司达成合作关系，将一些味美价廉的汉堡推荐给日本人。在经营初期，不少日本商人都觉得，日本人已经习惯吃大米了，汉堡的推销不可能成功。但是，这个犹太商人在一番观察与研究之后指出，日本人较为弱小的体质，很有可能与酷爱大米有着很大的关系。与此同时，他又发现，美国汉堡店的效应正在快速地席卷整个地球，未来将会是快餐时代。正是因为看到了这两点，他才觉得，作为“嘴巴商品”的汉堡，既然能够在美国大卖，那么在日本应该也不会有什么问题。再说，按照犹太商人“嘴巴”生意经的观点来看，推销汉堡也一定会赚钱的。

就这样，这个犹太商人创办的汉堡店正式开张了。果然，第一天，顾客众多，门庭若市，盈利甚至远远超过了他的预想。之后，顾客越来越多，利润越来越高，好几台世界上最先进的面包机器都被用坏了，还是没有办法使顾客的消费需求得到满足。这个犹太商人正是利用“嘴巴生意”赚了大钱！

还有一位名字叫作辛普洛特的犹太大企业家，他在成功以前被问道：“靠土豆能致富吗？”

“当然可以！”辛普洛特非常肯定地回答。

后来，辛普洛特挤进了全球最有钱的百位富豪行列。辛普洛特是在什么背景下涉足食品加工业的呢？那是在第二次世界大战期间，美军作战部队需要数量巨大的脱水蔬菜。看到这一商机的辛普洛特将美国一家非常大的蔬菜加工厂买了下来，专门用来加工脱水土豆，以便供应前线的需求。于是，他的工厂迅速地发展壮大起来。

20 世纪 50 年代初期，一家公司通过研究成功地制作出了冻炸土豆条。那个时候，绝大多数的人都认为，土豆中含有大量的水分与其他物质，二者之间的比例高达 78 ∶ 22，冷冻之后让土豆的味道变差，所以他们觉得这一新技术根本就没有多大的前景。但辛普洛特却不这么认为，在他看来，商业就应当瞄准“嘴巴”，而“嘴巴”瞄准的就是新鲜的味道。于是，他做出了一个在很多人看来十分冒险的决定：立即拉开“冻炸土豆条”生产线进行生产销售。

辛普洛特深刻地理解瞄准“嘴巴”商业理念，并长时间地坚持这种理念，最终不断地成功，成为令人羡慕的一代富豪。

当然了，瞄准“嘴巴”的内涵是十分丰富的：在对土豆进行加工的过程中，每个土豆得到利用的部分仅仅占50%，而另外的50%在去皮、切条以及光传感器去斑的过程中被作为垃圾丢弃了。这在辛普洛特看来是极其浪费的，所以他开始努力地思考，怎样才能够将土豆的价值充分地发掘出来呢？最后，他又瞄准了牲畜的嘴巴。

他先将土豆中人类不能食用的部分收集起来，然后掺入适量的谷物制成牲畜的饲料，最后的结果是：那些原本应当被丢弃的土豆又将15万头牛养活了。

在此过程中，辛普洛特还利用土豆来制作燃料添加剂，从而促使石油危机中油品短缺的情况得到了极大的缓解；利用土豆加工过程中生成的含有丰富糖分的废水浇灌农田，从而使土地的肥沃度得到了很大提高；将粪卖给沼气发电厂……

就这样，辛普洛特构建了一个庞大的土豆帝国。从此之后，他每年销售15亿磅左右的经过加工的土豆，其中，50%被送到了麦当劳快餐店中，用来炸土豆条。辛普洛特每年依靠土豆可以获得至少12亿美元的利润。

不管是在以色列，还是在欧洲，抑或是在世界其他地区，到处都可以看到犹太人开办的饭店、酒吧以及夜总会等，他们赚取着难以计数的钱财。

只要有人就需要吃饭，所以，饮食业是一个黄金产业，并且永远不会衰落。犹太人擅长经营的“嘴巴生意”，属于一种极其务实的赚钱方式。通过挖“嘴巴中”的钱，他们赚得了数不清的财富。

第三章 笑着把钱赚到手

微笑是无价之宝

犹太人认为：微笑是无价之宝。没错，微笑是人际交往最有效的润滑剂，可以有效地增进人与人之间的友谊。当你微笑的时候，整个世界都在笑。但是，不少人都觉得，每天微笑着面对他人是一件很不容易的事情，事实却不是这样的。只要在平常的时候，你反复地告诉自己："我喜欢微笑，我想成为一个快乐的人。"那么，你就必然能做到这一点。在每天上床睡觉之前，你可以效仿一下酒店大王希尔顿，问一下自己："今天，你微笑了吗？"

木夏金是日本的一位著名的保险推销员。身高150厘米的他并不像人们想象的那样英俊潇洒，更是毫无气质和优势可言。在他刚刚踏入保险行业的半个月里，他没有获得任何一个客户的认可，自然也就没有拿到一分钱的薪水。所以，他只好每天骑着自行车上班，中午也只吃便宜的饭菜。这样的日子持续了很久。

虽然生活很艰辛，但是木夏金并不因自己"矮冬瓜"的形象而自怨自艾，更没有为自己的一无所获感到自卑。在他看来，世界上的人都是有缺陷的，而有些缺陷是无法弥补的。但是有些缺陷却可以通过后天的努力获得改善，比如勤奋。对于天生的不完美，木夏金选择了坦然接受。他微笑着面对周围的一切，每天精神抖擞，早晨5点钟就起床，徒步去上班，一路步履轻松，吹着口哨，不时热情地和迎面而来的人打打招呼。

大家都看到了他乐观积极的一面。有一天一位绅士纳闷地问他："这位先生，每次见到你，你都是笑容满面，全身充满了朝气，想必你的生活一定过得很开心吧！能不能告诉我你的秘诀是什么呢？我请你吃饭。"

“谢谢！我已经吃过了。”虽然木夏金很饿，但是他还是委婉地拒绝了。通过聊天，绅士得知木夏金是一家保险公司的推销员后，对他说道：“先生，既然你不肯赏光和我共进早餐，那我买一份你的保险，你觉得怎么样？”

对于木夏金来说，这真是喜从天降。原来，这位绅士是一家大酒店的老总。后来，不仅绅士购买了保险，他还为他公司的员工购买了保险，当然都是在木夏金那里买的。自从挖掘到这“第一桶金”之后，木夏金便开始“时来运转”了。

还有一次，木夏金去拜访一个客户。听他的同事说，这个客户十分难缠。但是木夏金没有被同事的话吓倒，而是勇敢地敲开了客户的家门。

“你好，我是保险公司的木夏金，很高兴见到你！”

“哦，对不起，我不需要投保，我的家人也不需要。谢谢！”

木夏金听他这么说，不但没有生气，反而用诚恳的语气问他：“能麻烦你告诉我为什么吗？”

“讨厌就是讨厌，需要理由吗？”那位客户提高了音量，显得很没有耐心。

木夏金没有就此离开。他依然面带笑容地对客户说：“我听说你在这个行业做得很出色，我真的很羡慕你。如果我也能在自己的保险行业做得像你这么成功，那我就满足了，你就是我学习的榜样。”

木夏金的话让客户的态度发生了变化。他对木夏金说：“其实我一直很讨厌推销员。但是你的笑容让我无法拒绝你。这样，你明天到我的公司，我了解一下你们的保险。”

第二天，木夏金来到了客户的公司，经过交谈，他成功地签下了这个客户。最后，客户对木夏金说：“年轻人，好好干。你身上有一种别人无法拒绝的力量。”

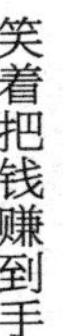

其实，木夏金身上无法拒绝的力量就是他的微笑。为了能够更好地和客户交流，木夏金甚至把自己的微笑分为十几种。这样，不管面对什么样的客户，在怎样的情况下，他都能够用自己完美的笑容征服客户，让客户满意。

犹太人认为，用微笑去征服客户，是最聪明的方法。的确，微笑就有这么大的魔力。微笑可以让人的心情变得温暖，可以让人卸下防备。与此同时，微笑还可以增强自己的亲和力和感染力，让自己拥有更多的人缘。因此，说微笑是无价之宝一点儿也不为过！

做生意也要幽默

犹太人说话办事都十分幽默。比如，犹太俗语中流行着这样一句话："小偷头上的帽子烧起来了。"唯有对这句话的背景进行深入了解，才能更好地理解犹太人的机智与幽默。

在东欧地区的某个城镇中，有一个犹太人的帽子被偷走了，而且他的这个帽子很普通，随处都可以看到。所以，当他举目一望的时候，看到不少人都戴着这样的帽子，根本不知道哪个人是偷走自己帽子的小偷。这个犹太人灵机一动，忽然大声喊了一句："小偷，你头上的帽子着火了。"当然了，第一个摸帽子的人就应该是小偷无疑了。

犹太商人的体验是：不轻松的问题也可以用轻松的方式来解决，如果想穿过自己与客户之间的拒绝之门，可以用幽默的钥匙开启。

海耶斯是美国有名的演说家，但大家不清楚的是，当初他只不过是一个初出茅庐、做事畏畏缩缩的实习推销员。

有一次，他与一个经验丰富的老推销员前往某个地区去推销收银机。老推销员并没有仪表堂堂的相貌，实际上他长得又矮又胖，但他却是一个深谙幽默之道的高手。

当他们刚走到某家小商店的门口时，老板就不耐烦地拒绝道："我对你们的收银机没有一丝一毫的兴趣。"老推销员并没有因此离去，反而走到柜台前，哈哈大笑了起来，似乎这是他听过的最好笑的笑话。他这一笑可把老板笑愣了，不知道该怎么应对。

过了好大一会儿，老推销员才直起身子来，面带微笑地道歉："不好意思,我实在没有忍住笑。你让我想到了另外一家商店的老板，他原本与你一样说不感兴趣，但最后却成为了我们忠实的老客户。"

接着，老推销员一本正经地将他的样品展示出来，并且详细地介绍了其诸多优点。每当老板用较为缓和的语气表示没兴趣的时候，他就笑呵呵地引用一段与推销有关的幽默故事，重新引起老板的注意力。

商店中的顾客都好奇地看着他们，站在旁边的海耶斯则非常紧张，非常困窘，感觉他们最后可能会被视为傻瓜赶出去。然而，令他惊奇的是，老板的态度竟然慢慢地改变了，想问清楚这种收银机是否真的有那样好。

于是，他们将一台收银机拿到了商店中，然后，老推销员用行家的口气详细地为老板讲授了其使用方法。就这样，他们最终拿到了这笔订单。

商店老板是客户的典型代表，遇到推销员，大多都会急于表明自己没有兴趣，一般的推销员这时都会知难而退。而这个经验丰富的老推销员却运用幽默的力量，顺利地跨过自己与客户间的拒绝之门，所以最终如愿以偿地收获了成功。

当然了，在运用幽默的时候，还需要注意，幽默应该是原始的、独创的、新鲜的，将一种幽默重复地进行使用，那么就失去了其原本的意义。幽默一定要出乎人们的意料，这样才能达到理想的效果。

高度的幽默感源自理性。唯有通过知识磨炼的人，才能够展现出超凡脱俗、合乎时宜的幽默；唯有高智商的人，才能够理解幽默的真正精髓。

凡是真正幽默之人，皆能幽自己之默。但是大部分人在陷入困境、进退两难的时候，往往十分焦虑，根本就没有心情幽默。唯有真正的强者才可以在遭遇危机时，快速冷静下来，以客观的角度对自己进行观察，幽自己之默，让自己瞬间摆脱困境。因此，幽默象征着强者的韧性与胆量！

保持一颗谦卑的心

如果你经常与犹太商人交往的话，那么你就会发现，他们的谈判一般均是以微笑开始的，而且他们拥有一颗谦卑的心。

在进行谈判时，犹太人从来都不会迟到，哪怕是一秒钟。双方见面之后，犹太人会表现得十分谦卑，以非常客气的语气问候你。尤其是他们会始终面带微笑地与你进行沟通与交流，那甜甜的笑容让你感到世界是如此美好。

但是，一旦谈判正式开始之后，犹太人会提出很高的条件，这样的谈判条件往往与双方的协议有很大的差距。而且，犹太人还会因为合同上一个十分细小的地方不断地与你讨价还价。于是，双方开始持续不断地进行争论，最后还可能会演变成很激烈的争吵。第一天谈判，双方通常会很不高兴地分手。可是，第二天，犹太人会主动与你约定谈判的时间、地点。在说话的时候，他们的神情是那么的热情与真诚，态度是那么的温和与客气，好像昨天根本没有发生任何的不愉快。犹太人的态度变化得简直太快了，让人不敢相信。如果你询问犹太人为什么会有这么大的变化，那么他会笑着告诉你："人的细胞代谢得非常快，今天温和的细胞已经代替了昨天吵架的细胞，因此，今天不需要再记恨嘛！"

犹太文化强调人与人之间的关系应该是健康而友善的，不管遇到什么情况，人们应当保持一颗谦卑的心。

在3年前，卡耐基的侄女乔瑟芬·卡耐基担任他的秘书。当时她只有19岁，没上过大学，也没有任何工作经验。在刚开始工作的时候，她经常犯错误。这时，卡耐基并没有取笑或者讽刺她，也没有严厉地批评她，而是采用一种温和而得体的方式，让她真正地认识到自己的错误，然后改正错误。

有一天，乔瑟芬又犯了一个错误，卡耐基本想指责她，但是最终却没有说出口。卡耐基想了想，对自己说："戴尔·卡耐基，等一下，你几乎是乔瑟芬两倍的年纪，做事经验更是要多出好几倍，你怎么能够要求她像你一样呢？更何况，你也不是十分出色啊。还有，你在19岁的时候还比不上乔瑟芬呢！"

一想到这里，卡耐基便没有责备乔瑟芬，而是对她说："乔瑟芬，我在年轻的时候也经常犯这样的错误，我实在没有什么资格批评你。不过，我的年纪大，经验比你丰富，依我的经验，你这样做

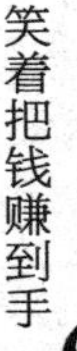

是不对的。”接着，卡耐基开始告诉她应该怎么做，结果很快她就改正了自己的错误，并且没有再犯同样的错误。

由此可以看出，在对待员工的时候，有时要以“谦卑”为主。这样做可以在对方犯错误之后给予正确的心理安慰，并且其作用是持久而深远的！

犹太人深受民族文化的影响，再加上他们长时间流离失所的状况，普遍形成了一种“谦和”的性格，修炼出了一颗谦卑的心。犹太商人擅长利用自己的“谦和”“谦卑”，在所有的经商活动中，可以微笑着充分发挥出它的作用。在人际交往中，这种“谦卑”的确具有融合剂的效果，很容易吸引住对方。在商业活动中，大量的实践已经证明它是一种非常棒的促销手段。

犹太人正是由于深刻地领会了这个道理，才让自己修炼出了一颗谦卑的心，妥善地处理好与他人之间的关系，才使得事业得以成功，钱财越赚越多！

第四章 捕捉转瞬即逝的机会

在信息里找钱

犹太人认为，信息是有价的。商业舞台越大，商情就越重要。犹太商人向来以世界作为舞台，与普通人相比，他们对信息的理解更为深刻，亦更为重视。犹太人是人类社会中从事信息产业的先驱，并且开办了世界上最早的通讯社。

犹太商人对于商业情报相当重视，即便花费巨大的精力、财力也毫不犹豫。在19世纪初期，与那个时候的英国政府相比，尼桑·罗斯柴尔德建造的个人情报网竟然更为厉害。它能够让尼桑先于英国政府对滑铁卢战役的战况进行了解，从而促使尼桑在交易所内赚取大量的钱财。做大陆谷物生意的福里布尔基本上将自己的公司转化成了专业的信息公司，他不惜钱财购买优质的信息设备，聘请包括各个国家情报局退休人员在内的出色的信息专家。凭借极为准确的信息，他的每一笔交易都能轻松地取得成功。

所有取得成功的商业活动都源自某种奇思妙想。完全可以这么说，每一种商业活动，无一不是我们某一刻的某一种设想的演绎。不管这些想法到底是否奇妙，均是由某种信息触动的。

自古以来，犹太民族就对信息异常关注，只不过他们之前对信息的收集、整理及运用的重视，与金钱没有多大的关系。古时候，犹太人将信息叫作“兆头”，专门指与胜败、生存有着一定关系的消息。后来，在《塔木德》中，西姆思拉比说了这样一句话：“信息是有价的。”这宣告预言了信息时代必将到来。

在希伯来语中，“语言”这个词语包含着三个词的意思，即“产品”、“经营活动”及“信息”。犹太人之所以对信息很敏感，极有可能是在无形中受到这个词汇的暗示所致。

有证据显示，公元前1300年左右的犹太人约书亚是最早从事信息行业的人。起初，约书亚为摩西从事间谍工作，在摩西死后，他继承了摩西没有完成的事业，带领着以色列的 12 个部族将约地迦南征服了。

可能是受约书亚的影响，很多犹太人都涉足信息业，而且他们在犹太社会内部享有较高的地位。在信息的搜索、整理以及运用的过程中，他们慢慢地形成了一种理念：经济活动是否能够顺利开展，与商业活动信息、产品信息有着非常大的关系；信息、产品、经营三位一体，组成了完整的经济活动；商品不能离开信息，否则就会丧失价值。通过信息（语言）对商品进行描述，对商业活动的构想进行表达，对商品所具备的价值进行说明，商品才可能顺利地流通；能够对商品功能进行说明与对服务内涵进行表达的信息（语言）是最大的商品，属于创造价值的资源。不断地将一些零碎的信息积累起来，然后再系统地进行整理，也能够作为可以使用的情报。

伯纳德·巴鲁克是美国很有名的犹太裔实业家、哲学家与政治家，20 多岁就因为一双慧眼而赚取了大量的钱财，迈入了百万富翁的行列。

在很多人眼中，没有什么关系的事情，巴鲁克却可以发现它们之间的内在联系，并且在这种联系中将属于自己的生意机会抓住。

1899 年 7 月的一个深夜，还不满 30 岁的巴鲁克依旧通过广播的方式关心着美西战争的进程，突然，他听到了一个重要的新闻——在圣地亚哥，美国海军将西班牙舰队打败了。于是，巴鲁克立即推断："美西战争将会告一段落，若在这个时候吃进股票，肯定能够大赚一笔。"第二天早上，巴鲁克以最快的速度从自己的家中赶到了公司，在私人证券交易所十分轻松地购入了大量的股票，真的创造了一个奇迹——一夜暴富。

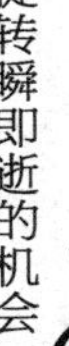

犹太人亚巴斯对《塔木德》有着非常透彻的理解。1832 年，亚巴斯在法国巴黎创办了世界上最早的通讯社——亚巴斯通讯社，直接依靠贩卖信息来赚钱。现在的法新社就是由亚巴斯通讯社发展而来的。犹太人朱利什斯·罗伊特曾经在很长一段时间内为亚巴斯通讯社工作，后来，他选择了离开，并且在英国创办了路透社，单独做起了新闻配送业务。每年，这两大西方新闻社都要从信息流通中赚取大量的钱财。

在美国，不管是《纽约时报》，还是《华盛顿邮报》，均是由犹太家族创建的。其中，担任过美联社董事会主席之职的唐纳德·纽豪斯也是一个犹太人。犹太人依靠信息赚钱的实例，比比皆是，不计其数。现在，在世界信息流通领域，随处可以看到犹太人的身影，到处都能领略犹太裔的风采。

在现代这个信息飞速发展的时代，犹太人普遍都重视信息的作用，他们具备从信息中找钱的“超能力”。依靠着几乎是天生对信息的异常敏感，很多犹太人运用信息，将信息转化为财富，从而在世界上占有了一席之地。

机会面前，果断出击

在犹太人的世界中，有一个比喻十分幽默：有三种东西不可以过多使用，即做面包的酵母、盐以及犹豫。道理浅显易懂，犹太人的总结也十分形象。如果酵母放多了，那么面包必然是酸的；如果盐放多了，那么必然是咸的；如果犹豫多了，那么必然会失去转瞬即逝的机会。

人为什么会犹豫？因为人畏惧失败。对失败的畏惧，让人变得过分的谨慎。通常，犹豫表现为利用各种各样的借口来延缓行动，结果自然是与良机失之交臂。

富翁家有一只狗，在外出散步的时候跑丢了。于是，富翁在电视台发了一条这样的寻狗启事："我家丢失了一条狗，若有归还者，可以获得1万元的酬金。"与此同时，大半个屏幕都是那只丢失的小狗的彩照。

自从这则启事发出之后，接连不断地有人来送狗，但都不是富翁家丢的那只狗。富翁太太觉得一定是真正捡到狗的人嫌弃他们给的钱少，他们的狗可是一只相当纯正的爱尔兰名犬！于是，富翁把酬金提高至2万元。

原来，有一个乞丐在公园中将那只狗捡到了。乞丐并未及时地看见第一则启事，当他得知送回小狗能获得2万元酬金的时候，简直乐疯了，他这辈子都没见过那么多的钱啊。

第二天早上，乞丐打算抱着那只狗去领取2万元酬金。当他从某家大百货公司经过的时候，从这家公司的墙体屏幕上又看见了那则启事，不过，赏金已经涨到了3万元。乞丐心中暗暗地想：这赏金增长的速度倒是挺快的，这狗究竟值多少钱呢？于是，他改主意了，又返回他所居住的破窑洞，重新将狗拴在那里。又过了一天，悬赏的金额果然又增加了。

在接下来的几天内，乞丐一直待在大屏幕旁边，当酬金上涨到令所有人都吃惊的地步时，乞丐回到了他的窑洞。然而，此时，那只狗已经饿死了。原来，这只狗在富翁家习惯了吃鲜肉与牛奶，对乞丐从垃圾桶内捡回来的食物根本就不看，更别说吃了。

难道乞丐就不希望得到酬金吗？答案自然是肯定的。但是由于他过于贪婪，因此没有及时将到手的机遇抓住，最终只有唉声叹气的份了。

犹太商人有着极高的财商，他们认为，商人不但要知道怎样创造财富，而且还应当在财富的机遇出现时，果断出击，及时地抓住它，将运气转变成财气。

我们不难发现，辛勤者之间存在着贫富之分，即便是成功的辛勤者，其成就也是有高有低，但是有不少看似并不算辛勤的人，却可以成功致富。正是因为出现了这些差异，社会面貌才会有绚烂多姿的变化，而机会就是促成社会面貌变化的一个极其重要的因素。所以，人们常说："机会是上帝的别名。"在一定的时间内，如果各个方面的因素能够妥善地进行配合,那么就能够生成有利的条件。不管是谁，若能最先对这些有利条件加以利用，利用自己手中的人力、物力进行投资，那么他（她）就能够更快地取得成功，同时挣得更多的财富。而这些有利条件就是机会，一个具备较高财商的人，懂得如何对这些可以助人获得财富的机会加以利用。

我们都知道，如果想要得到红利，就一定要先拿钱进行投资。同理，如果想要得到机会，那么也一定要先有所付出，这里所说的付出，可能是自己的金钱、时间、安逸以及享受等，时刻专心致志地做好准备，一旦机会降临，就立即跳起来抓住它。然而，有些创业致富者经常依靠自身的运气。而运气并不等于机会，我们不能将两者混为一谈，否则就不可能做出正确的判断，最终招来损失。

运气具有偶然、意外的性质。比如，一个人去购买彩票，结果中了 5000 美元，这就是运气。弗莱明对青霉素进行提炼的初衷是培养葡萄球菌，结果发现了霉菌，这完全不在他的意料之内，在他看来，霉菌就是一个不速之客。其实，中彩票和发现青霉素有着很大的区别，中彩票纯粹属于意外，那是运气，其中不夹杂任何的机会；而发现青霉素这件事情就不同了，则是在运气之外蕴含着机会。

弗莱明发现霉菌以后，他要么认为霉菌的出现对他研究葡萄球菌产生了阻碍作用，将其视为麻烦事，一点儿也不重视；要么感到十分好奇，对霉菌进行研究。倘若弗莱明选择第一种态度，那么就应该是别人发现青霉素了。弗莱明做到了及时掌控机会，结果，他成就了一个大发现。

在致富的时候，也应该分清楚什么是机会，什么是运气。当然了，我们并不能排除运气，但更为重要的仍然是要利用自己的财商，将藏在生活中的机会挖掘出来，唯有如此，你才能收获想要的财富。

犹太商人擅长果断出击，抓住机会，他们不仅敢想，而且也敢做，这直接决定着他们生意的成功。

1981年6月，韦尔做了一件大事情——将自己用了20年辛苦建立起来的希尔森公司卖给了美国捷运公司。这不仅出乎所有人的意料，而且也让人难以理解。尽管美国捷运公司拥有80亿美元销售额，经营赊账卡、旅游支票以及银行等多方面的业务，但是韦尔的希尔森公司规模不大，却拥有很好的前景，而且韦尔刚刚加入美国捷运公司的时候，并没有得到重用。所以，不少人都觉得韦尔吃了大亏。然而，没过多长时间，人们不得不叹服于韦尔当初所做的决策。在捷运公司，韦尔的职位仅仅居于董事长与总裁之下，他所拥有的股份总额价值2700万美元，他每年的收入高达190万美元。

当然了，韦尔也恪尽职守地为捷运公司工作。在他的策划之下，捷运公司只用了5.5亿美元就将南美贸易发展银行所属的经营外汇、通货市场、珠宝贸易等业务的外国银行机构买了下来。这不但是韦尔做得比较成功的一件事情，而且也让他在捷运公司身价迅速飙升，摇身一变成为了华尔街的热门人物。

韦尔之所以能够取得成功，有很多因素，比如，他十分自信，具有强烈的好胜心等。但是最为重要的因素却是：他不仅敢行敢做，而且面对机会能够果断出击。

众所周知，犹太商人都极其精明，他们擅长站在长远的角度对买卖问题进行思考，时刻钉住时机，能够大胆而果断地出手，所以才成就了一大批成就非凡的犹太商人。

冒险精神必不可少

不管做什么事情，其最终的结果无外乎两种——成功与失败。如果明明知道失败的可能性很大，还要坚持去做，那么自然就变成了冒险。实际上，很多事情到底是成功的可能性大还是失败的可能性大是很难分清楚的，那么这种情况也属于冒险。而商战的规律就是冒险越大，获得的利润就越多。当机会降临的时候，不敢冒险的人，永远不可能做出伟大的成就。

绝大多数的犹太商人都具备乐观的风险意识，并且经常能够依靠冒险发大财。在犹太人看来，“风险越大，回报就会越大”“财富就是风险的尾巴”，他们往往会勇敢地跟着风险走，从而搏出数不清的财富。倘若年轻的时候都不敢去冒险，那么一生将会碌碌无为。总是因循守旧，不敢采取任何的冒险行动，那么，必然不可能会有大的进步与成就。

1898 年 5 月 21 日，犹太后裔阿曼德·哈默出生在美国。当他还是一名大学生时，就接手了父亲留下的药厂，并且取得了不少成功，成为了那个时候美国唯一的大学生百万富翁。

年轻时，哈默主要从事国际粮食贸易业务，把美国低廉的粮食运送到国外，换取皮毛、白金、绿宝石等物品，积累了大量的财富。

1956 年，已经 58 岁的哈默觉得自己干实业已经干够了，就移居到了洛杉矶，打算好好地享受一下余年生活。

令他没有想到的是，财神再一次降临，将他的计划打乱了，将他送进了他一生中最为赚钱的行业——石油行业。这是怎么回事呢？

西方石油公司创办于 20 世纪 20 年代，在运营中遇到了资金困难，正处在风雨飘摇的困境中。这家公司向哈默求助，希望他能给予一定的资金支持。当时，哈默对石油行业完全是一个门外汉，但他经过慎重的考虑后还是同意将 5 万美元借给对方作为一种尝试。他让这家公司钻两口油井，将来获得的利润，大家各占 50%。哈默是这样打算的：倘若这两口井都没有石油，那么这笔钱能够按照那个时候的规定，当作亏损从应当缴纳的税款中扣除。

让哈默没有想到的是：那两口井都出油了。于是，西方石油公司的股票一股脑上涨了很多。第一次尝试就取得了成功，使得哈默对石油行业的冒险产生了很大的兴趣。1957 年，他直接将借给西方石油公司的贷款转成了股票，他摇身一变成了这家公司最大的股东，并且坐上了总经理的位置。

石油钻探这个行业毕竟具有很大的冒险性。1961 年，西方石油公司基本上将 1000 万美元勘探基金用完了，但依旧没有取得什么成绩。哈默计划将余力集中起来对难点进行攻克。哈默的这个计划吸引了一个青年地质学家，他的名字叫作鲍勃。鲍勃给哈默提出了一个建议：德士古石油公司放弃了旧金山以东的一片地区，但那个地区很可能有天然气田，所以西方石油公司应该租下它。

哈默接受了他的建议，拿出了一大笔钱，开始了这项冒险活动。这个地质学家将距离那几口废井600英尺左右的一块空地作为挖井地点。当钻到8600英尺深的时候，加利福尼亚的第二大天然气田终于出现了，它的价值为2亿美元。几个月后，一个蕴藏量异常丰富的天然气田又在附近出现了。

1966年，西方石油公司来到利比亚。这是一个生产石油的地方。当时，正赶上利比亚政府打算进行第二轮出让租借地的谈判。来自不同国家的不少公司都参加了这次投标。与那些拥有雄厚实力的大公司相比，哈默就显得微不足道了，那些石油巨头稍一举手就能打败他。但是，哈默仍然坐着一架奇特的飞机（由轰炸机改造的飞机）赶过来了。他选择了一种十分独特的投标方式。他别出心裁，采用红色、黄色与绿色三种颜色的彩绸制成投标书，正好与那个时候利比亚的国旗颜色相同。而且，他还在投标书当中明确地表明：倘若西方石油公司能够中标，该公司将为国王先祖所在地的绿洲建造一个又大又漂亮的花园。最后，哈默如愿以偿，一举拿到了两块租借地，让那些强大的对手很是吃惊。

然而，没多久，这两块地就让哈默感到无限烦恼。原来，钻出的前三口井均为干井，没有一滴石油。而每打一口井需要花费大约500万美元。董事会中有些人坐不住了，将这项计划称为“哈默的蠢事”，就连里德这个公司中的第二大股东也主张撤退。不过，哈默可是一个犟脾气，一旦做出决定，就算九头牛也很难拉回来。他对公司的地质专家使用电子计算机探测新技术表示大力支持，最后终于打出了9口隐藏着巨量石油的油井，其中，有一口油井每年能够产油7.3万桶，是利比亚最大的一口油井。于是，利润源源不断地流入了西方石油公司，这一次冒险又成功了。

另外，对英国北海油田的开发，是西方石油公司海外石油事业另一个颇具冒险性而取得成功的投资。1972 年，这家公司在北海地区连续钻了三口井，都没有钻出一滴油。比较幸运的是，最后，他们还是取得了成功，将石油钻了出来。1974 年，哈默的西方石油公司每年的收入已经达到了 60 亿美元。

哈默一生多次从事冒险投资，并且取得非常大的成功。当机遇降临的时候，聪明人敢于冒险，能够抓住机会，最终推开成功的大门。要知道，不敢冒险的人，永远都是平庸之辈。

在逆境中求财

现实生活中，每个人都会面临各种各样的挑战和挫折，这时候你承受挫折能力的大小，就决定你未来命运的好坏。成功并非是一个让你停留的海港，而是一次藏着不少危险的旅程。人生是一次赌注，而成功永远属于那些不畏逆境、敢于挑战自己的人。

做生意亦如此，在生意顺利的时候，滚滚财源源源不断地收入囊中；但在遭遇风险逆境的时候，也应当学会节衣缩食，迎难而上。绝大多数的犹太人都能坦然面对逆境，在逆境中求财。当危险降临的时候，犹太商人不仅依旧淡定地做生意，而且还将其视为做生意的最佳时机。

路德维希·蒙德是一个犹太实业家。在学生时代，他曾经发现了一种从废弃的碱中提炼硫黄的办法。后来，他搬家到了英国，并且将这个方法也带到了英国。在经过一番努力之后，他终于找到了

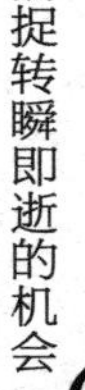

一家公司，愿意与他进行合作与开发。最终的结果证明，路德维希·蒙德的这项专利具有很高的经济价值。路德维希·蒙德也因为这件事情产生了自己创办化工企业的想法。

随后，他将一种利用氨水的作用使盐转化为碳酸氢钠的方法买了下来。这是一种他参与发明的不太成熟的方法。路德维希·蒙德在柴郡的温宁顿将一块地买了下来，用来建造厂房。与此同时，他仍然坚持做实验，以便能够促使这种方法得以完善。但是，很不幸的是，实验并没有成功。在这种情况下，路德维希·蒙德干脆直接住进了实验室，日夜不停地实验着。在经过大量的实验与改进后，他终于将技术上的难题解决了。

1874 年，厂房正式落成。刚开始的时候，生产情况并不乐观，因为成本一直很高，怎么都降不下来，所以路德维希·蒙德的企业连续几年一直处于完全亏损的状态。

或许是犹太人骨子里都有一种敢于面对逆境的坚韧性格，路德维希·蒙德没有被困难打倒，而是坚持不懈地努力着，希望早日摆脱逆境。终于，1880 年，也就是路德维希·蒙德建厂后的第六年，有了极其重大的突破，产量提升至原来的 3 倍，成本也跟着降了下来，产品由之前每吨亏损 5 英镑，变成赢利 1 英镑。

随着时间的推移，路德维希·蒙德获得的利润越来越丰厚。后来，路德维希·蒙德创建的这个企业成为了全球最大的生产碱的化工企业。

如果路德维希·蒙德面对逆境退缩了，那么他就不会有后来的大赚特赚，也不会有后来的非凡成就。无独有偶，英特尔公司的总裁安迪·葛洛夫也是一个敢于直面逆境的大富豪。

安迪·葛洛夫曾经是美国《时代》周刊的风云人物。20世纪70年代，他在半导体产业上创造了神话。

在安迪还是学生的时候，就表现出了很出色的商业才能。他从市场上买来各种各样的半导体零件，将这些零件组装之后，以一个较低的价格卖给自己的同学，从而赚取中间的差价。因为与原装的半导体相比，他组装的半导体在价格方面要便宜很多，但在质量方面却与原装的半导体差不多，所以同学们都喜欢在他这里购买半导体。再加上他的学习成绩优异，因此，老师们也都很喜欢这个聪明的学生。

但是谁也没有想到，安迪·葛洛夫竟然是一个不太能经受失败、容易丧失希望的人。可能是贫困的家境对他影响很大，遇到事情时，他总是喜欢走极端，这在他之后的经商之路上能够很明显地表现出来。

因为各种原因，安迪先后经历了三次破产。一个黄昏时分，他独自在家乡的河边散步，想到了自己辛辛苦苦创办的基业一次又一次地破产，内心沮丧极了。最后，异常伤心的他在狠狠地大哭了一场之后，呆呆地望着滔滔河水。他想倘若他从这里跳下去的话，那么用不了多久就能够解脱了，世间所有的烦恼就都和他没有任何关系了。

忽然，安迪看到对岸走过来一个看起来十分憨厚的青年。只见那个青年背着一个不是很大的鱼篓，嘴里哼着歌走了过来，他就是安迪的朋友拉里·穆尔。

安迪受到拉里的欢乐情绪感染，心情不再那么抑郁了，就问他："你今天抓到了许多鱼吗？"拉里却笑着回答："没有啊，我今天一条鱼也没有抓到。"

他一边回答一边放下自己的鱼篓给安迪看。果然，他的鱼篓里什么也没有。安迪十分疑惑地问他："既然你什么也没有抓到，那么你怎么还这样高兴呢？"

拉里笑着回答："我捕鱼并不完全是为了赚钱，而是为了享受捕鱼的整个过程，难道你没有发现被晚霞渲染过的河水比平常时候的更美丽吗？"

一句话犹如醍醐灌顶，让安迪顿悟：只要积极乐观地面对生活，总能发现生活的美丽。

于是，在安迪的多次央求之下，渔夫拉里，这个一点儿都不懂做生意的捕鱼人成了英特尔公司总裁的贴身助理。其无论何时都心怀希望的乐观精神，时刻影响着安迪。

没多久，英特尔公司奇迹似的再一次崛起了，安迪·葛洛夫也成了美国的大富豪。

生命之帆不可能不受到波浪的考验，一时的挫折与苦难是不可能避免的。所以，在遭遇逆境时，不要惊慌，以淡定的心态对待，以积极的态度努力，你会发现，逆境并不可怕，反而是求财的大好时机。只要你能够抓住，你就会收获意想不到的惊喜！

第五章

深耕理财概念

会花钱的人才会挣钱

在犹太经典《塔木德》中有这样一句话："上帝将钱当作礼物送给我们，目的在于让我们购买这世间的快乐，而不是让我们攒起来还给他。"

一个已经70多岁的穷人刚刚领到100美元的失业救济金，按照以往的惯例前往银行存了20美元。他从银行的大门出来时，正好看到一个与自己年龄差不多的绅士正在抽雪茄。

这位已经戒烟戒了50多年的穷人主动上前与那位绅士搭讪："你的雪茄真是太香了！这样的雪茄肯定很贵吧？"

"每支雪茄20美元。"

"啊，那么你一天抽多少雪茄呀？"

"一天抽15支。"

"哦，那你抽多长时间了？"

"50年了。"

"你一天需要300美元，一年就是10万多美元，你抽了50年，哎呀，你计算一下，你抽雪茄的钱不计利息已经500多万美元，大概可以将这家银行买下了吧？"

"……哦！你似乎不抽雪茄吧？"

"没错，我不抽。"

"那你能够将这家银行买下吗？"

"说实话，不能。"

"告诉你，我名下有10家这样的银行！"

其实，这个穷人非常精明。为什么这么说呢？第一，他算账算得非常快，一下子就将抽 50 年雪茄的烟钱算出来，这么多钱足以将一家银行买下；第二，他对于勤俭持家、由小发大的道理十分精通，并且亲身实践，好多年都未曾抽过一支价值 20 美元的雪茄了。但是，即便这样，大家也不会认为他具备“活智慧”，因为他虽然没有抽雪茄，但也没有攒下足够买银行的钱，不得不恭敬地对待那位绅士。

可以说，那位穷人拥有的是“死智慧”，而那位绅士才是一个拥有“活智慧”的人，因为他懂得“钱生钱”的道理。

对于犹太人来说，为了能够快速实现成为大富翁的目标，他们一般会对金融行业或者其他资金回收较快的行当进行投资，将大部分的精力与注意力都放在“钱生钱”上。努力积攒小钱的人往往缺乏冒险的精神，这就决定了他们不可能利用别的途径达到快速致富的目的。

当然了，犹太人不赞成攒小钱，并不意味着他们在商务活动中不懂得精打细算。犹太商人在这方面可以说是相当“吝啬”的。在成本上，他们是能省一分就省一分；在价格上则是能高一分就高一分。你可能会说，全世界的富翁不都是这样吧？

很多犹太商人都是白手起家的，至少全球不少知名的犹太富豪发家也只有两三代人的历史，但是犹太商人却不具备凭借攒小钱来积累资本的传统。

第一，从文化背景上来说，犹太商人就没有受过禁欲主义束缚。犹太教从未有过这方面的要求，犹太人的生活也没有像某些民族那样分化成两大部分——宗教和世俗。在宗教节期间，尽管犹太人也有苦修的功课，但是他们做完功课之后就能享受到丰盛的宴席。因此，在犹太商人的生活中，没有那种像苦行僧一样远离雪茄的生活方式。

第二，从犹太商人集中的金融行业和投资回收较快的行业来看，他们本来就把注意力集中在“钱生钱”而不是“人省钱”上面。靠辛辛苦苦攒小钱的人是不可能有犹太商人身上常见的那种冒险气质的。

这两个因素的结合使犹太商人的经营方式和生活方式形成了鲜明对照。在业务方面，犹太商人精打细算到了无以复加的地步，成本能省一分就省一分，价格能高一点就高一点，利润一定要算税后利润，以免为税务署做贡献。但在生活上，类似于每天吸 15 支 20 美元的雪茄，并不是什么罕见的现象。

犹太商人的这种生活方式令同样善于经商的日本商人叹为观止。其他不说，仅犹太商人不管工作如何忙，对一日三餐从不马虎，总留出时间，还要吃得像模像样，而且进餐时忌讳谈工作，就让日本商人感慨万分，并对自己的人生格言“早睡早起，快吃快拉，得利三分”大觉羞愧。

其实，抛开吃饭这点时间不谈工作，虔诚的犹太商人每周同样要过那整整 24 小时不谈工作甚至不想工作的安息日。因为犹太民族是世界上最谙熟“平常心即智慧心”道理的民族之一：犹太教靠尊重信徒的自然心理、生理需求而保持住了他们的虔诚。

节俭是必不可少的品行

尽管在犹太人看来，金钱是获得感官快乐和社会地位的手段，怎样赚钱、花钱是检测一个人智商高低的最好办法。但人性中一些最美好的品德都与正确使用金钱密切相关。例如诚实、公平和自我牺牲精神，也包括节俭的美德。

犹太人弗兰西斯·霍拉的父亲在他开始进入社会的时候，对他提出忠告说：“我衷心地祝愿你事事开心如意，但是我不得不劝导你要节俭。节俭对任何人来说都是一个必不可少的品行，然而浅薄的人总是会轻视它。节俭是通向独立的大道，独立是每个精神高尚的人所追求的目标。”

犹太人亨利·泰勒在他所写的《生活备忘录》一书中指出：“在赚钱、储蓄、花钱、送礼、收礼、借进、借出和遗赠等方面，正确的行为原则和方法几乎为一个人的完美无缺做出了论证。”

一个人如果展望未来，他会发现等待他的主要有三种不幸：失业、疾病和死亡。前二者他或许还可以逃避，但是最后一个却是在劫难逃的。然而，无论哪一种可能性，他都应该把生活的压力减轻到尽可能小的程度，这样做不仅是为了自己，而且是为了那些把安逸和生存都依附于自己的人们。

正当赚钱，是吃苦耐劳、不懈努力、不受诱惑和得到回报的希望的表现；而合理使用，是精明能干、富有远见和自我克制的体现。金钱可以代表许多有很大价值的东西：不仅是食物、衣服和感官的满足，而且是个人的自尊和独立。

在这个世界上，努力去获得一个较为牢固的地位，这其中包含了人的尊严，它使得一个人更为强壮，生活得更为美好。从长远来说，它赋予了他更大的行动自由，能使他有更多的力量为将来而努力。为了获得独立，生活简朴是必不可少的条件。节俭既不需要超人的勇气，也不需要卓越的美德，而只需要一般的力量和普通人的能力。实际上，节俭只不过是秩序原则在家庭事务管理中的运用：它意味着统筹安排、合乎规则、精打细算和避免浪费，耶稣也表达了这种节俭原则，他要求“把剩下的零碎收拾起来，免得有糟蹋的”。

节俭也意味着将来的利益能够得到保障，因此要有抵御眼前诱惑的能力，这也是人超越于动物本能的高贵之处。节俭完全不同于吝啬，因为正是由于节俭才使一个人能够时时表现得慷慨大方。人不能把金钱作为崇拜的偶像，而只能把它当作一个有用之物。正如迪安・斯威夫特所说的："我们脑子里必须有金钱概念，但是，不能一心想的都是金钱。"我们可以称节俭为精明的女儿、克制的姊妹和自由的母亲。显而易见，适度节俭是自主的最好展现。

每个人都应该量入为出，按照自己的收入过日子。如果一个人对自己的消费缺乏长远考虑，只顾眼前的享乐，那么等到他发现钱的真正用途时，就已经太迟了。

一个生活节制适度的人，他的口袋里才会有钱去帮助别人；而一个铺张浪费、缺乏远见和挥霍一空的人，是不会有机会去帮助别人的。当然，节俭绝不是做一个一毛不拔的铁公鸡，否则就是一个可怜的守财奴。在生活和交往中心胸狭窄、斤斤计较，是极端短视的人，只会导致失败。

将一块钱的功用发挥到 100%

在犹太人的用钱观念中，都普遍坚持钱不能随便用，一定要把钱用到最需要的地方。犹太人之所以坚持这种观念，是因为他们懂得"支出"和"欲望"的关系。提到这个问题，看来有一点深奥，先看下面一段文字，你可能就会明白——会用钱的人是能控制自己欲望的人。

犹太人认为，不要把支出和各种欲望混为一谈。每个人的家庭都有不同的欲望，可是这些欲望是其收入所不能满足的，因此，切不可把自己的收入花在不能满足的欲望上面，因为许多欲望是永远不能满足的。

人常为不能满足的欲望所愁苦。别以为亿万富翁有那么多的金钱，一定可以满足每个欲望，这种想法是不正确的。作为亿万富翁，他的时间有限，精力有限，能到达的路程有限，能吃进胃里的食物有限，而且享乐的范围也有限。

犹太人认为欲望好像野草，农田里只要留有空地它就生根滋长，繁殖下去。欲望就是如此，只要你心里留有欲望，它也会生根繁殖。欲望是无穷无尽的，但是你能满足的却微乎其微。人们只要仔细研讨现在的生活习惯，就会发现原来认为是必要的支出，经过明智思考之后便会觉得可以把支出减少，甚至会觉得可以把它取消。我们可以把这句话当作格言：花一块钱，就要发挥一块钱 100% 的功效。

在企业经营或是家庭开支上，犹太人注重做预算，并且根据预算的 90% 支出、10% 储蓄的原则，慎重使用支出费用及购买必需物品，把不必要的东西全部删除，因为它是无穷欲望的一部分，不可容纳和反悔。他们牢记不要动用储蓄的 10% 收入，因为那是致富的本源。

世界上流行这样的说法："犹太人是吝啬鬼。"此说法有一定依据，但也是一种误解。因为犹太人中有很多是经商的，而且是经商高手。作为商人，对物品斤斤两两计较和对金钱分分毫毫核算是其职业本能的反映。商人若不精打细算，不爱惜钱财，怎能获得经营的利润呢？

犹太人的社会背景和所处的职业地位，使他们形成了如下的金钱观念："赚钱不难，用钱不易；金钱可能是不慈悲的主人，同时也是能干的用人；金钱虽非尽善尽美，但也不致使事物腐败；并不一定贫穷人什么都对，富有人什么都不对；金钱对人所做的和衣服对人所做的相同；赞美富有的人并不是赞美人，是赞美钱。”

这些犹太人格言反映出犹太人对金钱的观念。说到底，犹太人把金钱视为工具。因此，他们不管别人怎么评论与误解，两耳不闻是非事，一心埋头把钱赚。

确实，对钱财必须具有爱惜之情，它才会聚集到你身边，你越尊重它，珍惜它，它越心甘情愿地跑进你的口袋。对金钱除了爱之外，还要惜，也就是说，除了想发财外，还要想办法保护已有的钱财。用现代的流行语说就是要“开源节流”。犹太人这些金钱观念是很有哲理的，这是犹太人经营致富的一个奥秘。犹太富商亚凯德说：“犹太人普遍遵守的发财原则，那就是不要让自己的支出超过自己的收入，如果支出超过收入便是不正常的现象，更谈不上发财致富了。”

犹太商人用钱时珍惜钱财的事例有许许多多，有不少成为美谈趣话。据说，美国当今最大的财团之一洛克菲勒财团的创始人，曾经有过两段有趣的故事：

洛克菲勒刚步入商界之时，经营步履维艰，他朝思暮想发财却苦于无方。有一天晚上，他从报纸上看到一则广告，是推销一本发财秘诀的书。他为此高兴极了，第二天急急忙忙到书店去买了一本。他迫不及待地把买来的书打开一看，只见书内仅印有“勤俭”二字，其余再没有任何内容了，这使他大为失望和生气。洛克菲勒因此思想十分混乱，几天寝不成眠。他反复考虑该“秘诀”的“秘”在哪里。起初，他认为书店和作者在欺骗他，于是想疾书指控他们。后来，他越想越觉得此书言之有理。确实，要发财致富，除了勤俭之外，别无其他办法。这时他才恍然大悟。

此后，他坚持节约，同时加倍努力工作，千方百计地增加一些收入。这样坚持了 5 年，积存下 800 美元，然后将这笔钱用于经营煤油。在经营中他精打细算，千方百计地将开支节省，把盈利中的大部分储存起来，到一定时间把它投入石油开发。照此循环发展，如滚雪球一般使其资本越来越多，生意越做越大。经过 30 年左右的“勤俭”经营，洛克菲勒成为美国最大的三个财团的首领，到 1996 年，其财团旗下的石油公司，年营业额达到 1100 多亿美元。

美国连锁商店大王克里奇，他的商店遍及美国 50 个州和世界许多地方，他的资产数以亿计，但他的午餐从来都是 1 美元左右。美国克德石油公司老板波尔·克德是一位节俭出名的大富豪。有一天他去参观狗展，在购票处看到一块牌子上写着：“5 时以后入场半价收费。”克德一看手表是 4 时 40 分，于是他在入口处等了 20 分钟后才购半价票入场，节省下 0.25 美元。可要知道，克德公司每年收支超亿美元，他之所以节省 0.25 美元，完全是受他节俭习惯和精神所支配，而这也是他成为富豪的原因之一。

看来，犹太人经商致富的秘诀不单是会做生意，还与他们善于节俭、不挥霍钱财有关。犹太人的用钱观念可归结为：努力挣钱是开源的行动，设法省钱是节流的反映。极大的财富需要努力才能追求得到，同时也需要杜绝漏洞才能积聚。正如古人所说的“泰山不让土壤，故能成其大；河海不择细流，故能就其深”那样，世界上有许多犹太人成为大富豪，正是因为他们具有那种可贵的用钱精神。

节俭，决不奢侈！充分利用手中的每一分钱，帮助一代又一代犹太人踏上财富之路，登顶财富之巅。

有钱不置半年闲

犹太人有一个故事。

一个财主有一天将他的财产托付给三位仆人保管与运用。他把钱分成8份，给了第一位仆人5份，第二位仆人2份，第三位仆人1份。犹太财主告诉他们，要好好珍惜并妥善管理自己的财富，等到1年后再看他们是如何处理钱财的。

第一位仆人拿到这笔钱后进行了各种投资；第二位仆人则买下原料，制造商品出售；第三位仆人为了安全起见，将他的钱埋在树下。1年后，财主召回三位仆人检查成果。第一位及第二位仆人所管理的财富皆增加了1倍，财主甚感欣慰。唯有第三位仆人的金钱丝毫没有增加，他向主人解释说：“唯恐运用失当而遭到损失，所以将钱存在安全的地方，今天将它原封不动奉还。”

犹太财主听了大怒，并说道：“你这愚蠢的仆人，竟不好好利用你的财富。”

犹太人的观念里面，就是“有钱不置半年闲”，与其把钱放在银行里面睡觉，靠利息来补贴生活费，养成一种依赖性而失去了冒险奋斗的精神，不如活用这些钱，将其拿出来投资更具利益的项目。

这也是这个故事告诉我们的道理：要想捕捉金钱，收获财富，使钱生钱，就得学会让死钱变活钱。千万不可把钱闲置起来，当作古董一样收藏，而要让死钱变活，就得学会用积蓄去投资，使钱像羊群一样，不断地繁殖和增多。

在犹太人眼里，衡量一个人是否具有经商智慧，关键看其能否靠不断滚动周转，用有限的资金把营业额做大。

犹太人普利策出生于匈牙利，17 岁时到美国谋生。开始时，他在美国军队服役，退伍后开始探索创业路子。经过反复观察和考虑后，他决定从报业着手。

为了搞到资本，他靠自己打工积累资金。为了从实践中摸索经验，他到圣路易斯的一家报社，向该老板求一份记者工作。一开始老板对他不屑一顾，拒绝了他的请求。但经过普利策反复自我介绍和请求，老板勉强答应留下他当记者，但有个条件，半薪试用一年后再商定去留。

普利策为了实现自己的目标，忍耐老板的剥削，并全身心地投入到工作之中。他勤于采访，认真学习和了解报馆的各环节工作，晚间不断地学习写作及法律知识。他写的文章和报道不但生动、真实，而且法律性强，吸引了广大读者。面对普利策创造的巨大利润，老板高兴地吸收他为正式工，第二年还提升他为编辑。

通过几年的打工，普利策对报社的运营情况了如指掌。于是他用自己仅有的积蓄买下一间濒临歇业的报馆，开始创办自己的报纸——《圣路易斯邮报快讯报》。

普利策自办报纸后，资本严重不足，但他很快就渡过了难关。19 世纪末，美国经济开始迅速发展，很多企业为了加强竞争，不惜投入巨资搞宣传广告。普利策钉着这个焦点，把自己的报纸办成以经济信息为主的报纸，加强广告部，承接多种多样的广告。就这样，他利用客户预交的广告费正常出版发行报纸。他的报纸发行量越多，广告也越多，他的资金进入良性循环。即使在最初几年，他每年的利润也超过 15 万美元。没过几年，他成了美国报业的巨头。

普利策初时分文没有，靠打工挣的半薪，然后节衣缩食省下极

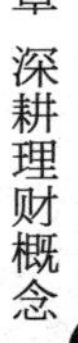

有限的钱，一刻不闲置地滚动起来，发挥更大作用，是一位做无本生意而成功的典型。这就是犹太人“有钱不置半年闲”的体现，是成功经商的诀窍。

商业是不断增值的过程，所以要让钱不停地滚动起来，犹太人的经营原则是：没有的时候就借，等你有钱了就可以还了，不敢借钱是永远不会发财的。攒钱只会让人变得越来越贫穷，因为连他的思维也贫穷了；赚钱会让人富有起来，因为这是一个富人的思维。

第六章 解放商业天赋

牢记诚信第一

犹太人认为，人最大的痛苦不是被人欺骗，而是不被人相信。因此，取信于人是人一生当中最重要的。那么，怎样才能做到取信于人呢？

诚信第一，这是取信于人的起码要求。在犹太人的商旅生涯中，他们遭到过无端的打击和歧视，也遇到过无数精心安排的谎言或圈套，但他们始终笃信上帝的教诲：遵守约定，诚实为人，死后方能升上天堂。在商业领域，他们更深刻地体会到：取得别人的信任是交易顺利完成的基础。犹太人遵守约定，哪怕只是口头上的承诺，非正式、非书面的协议，只要他们承认了约定，他们就会不折不扣地按照约定去行动，犹太人这种重信守约的美德为他们赢得了极高的声誉。

在具体的商业贸易领域中，《塔木德》规定了许多规则，严格禁止带有欺骗性的宣传或推销手段。比如：不能刻意把奴隶装扮起来，使其看起来更年轻、健壮，更不能把家畜涂上颜色来蒙骗顾客；货主有向顾客全面客观地介绍所卖商品质量的义务，如果顾客发现商品有问题而事先未得到说明，则有权要求退货；而在定价方面，尽管当时没有标准统一的价格，需要双方自行商定一个合理的价格，但一般来说商品多少还保持在一定的价位上，因此，如果卖主欺骗买主不知行情，使商定价格高出一般水平的 10% 以上，则规定此交易无效。这些规定在现在看来也许是再平常不过了，但是，《塔木德》形成于世界大多数民族还处在农耕社会的时期，它能预见将来社会以商业和贸易为主，并阐述这些诚信经商的道理，是极富先见之明的。

犹太商人从不做“一锤子买卖”，那种“只要每个人上我一次当，我就可以发财了”的想法在他们看来无疑是自取灭亡。按理说，犹太人没有自己的家园，被人到处驱来赶去，很容易在生意上甚至在与人交往中形成“打一枪换一个地方”的短期策略和流寇战术。但实际上犹太人绝少有这种劣迹，而是信誉卓著，其经营的商品或服务也很有保证，从不以次充好。为什么？除了犹太商人的文化背景，如以“上帝的选民”自居，有重信守约的传统外，更因为其民族在流动不定的生存状态与商业活动的规律之结合中，悟出了什么是真正的经商之道。

希尔斯·罗巴克百货公司总裁朱利叶斯·罗森沃尔德是一个德国移民的儿子，曾在叔叔的百货公司工作。后来希尔斯·罗巴克公司融资的时候，他以 37500 美元的投资“约占融资总额的 1/4”进入公司董事会，1910 年，原公司总裁“公司的创立人理查德·希尔斯”退休后任新总裁。罗森沃尔德也以价廉物美为其经营宗旨。公司销售的商品有许多都是企业集团自行生产的，因此成本可以降低，而质量也得到了保证。但希尔斯·罗巴克百货公司的真正本钱还是罗森沃尔德制定的一条规定：“不满意，可以退货。”这条商业最高道德最实在的体现，现在已经被许多商店所标榜，但在当时是闻所未闻的。罗森沃尔德很可能是第一个将商业信誉提到了这样高度的人。

希尔斯·罗巴克百货公司以其商品质量、价格、信誉还有对市场的精确预测，得到了消费者的广泛欢迎。公司的商品目录在罗森沃尔德逝世前已发行了 4000 万册，几乎每个美国家庭都可以见到。观察家认为，这一连续出版的商品目录几乎构成了美国的一部社会史，从中可以探视到美国人审美趣味和愿望的发展，而这种发展中有相当一部分是由希尔斯·罗巴克公司预测到，甚至造就的。

希尔斯·罗巴克百货公司经营良好，赢利丰厚。罗森沃尔德最初投资37500美元，30年后其资产达到了1.5亿美元。在这样的财力支持下，罗森沃尔德广泛从事慈善活动。他曾为28个城市“基督教青年联合会”和美国南方的一些贫困地区乡村学校提供资助，为解决芝加哥黑人的住房出资270万美元。另外，他还分别为芝加哥大学、芝加哥科学和工业博物馆捐赠500万美元。

犹太商人笃信一个信条：犹太人生活在哪里，就应该在哪里生根。他们不但诚信经商，更与非犹太人和谐相处，甚至用自己的财富和实业去帮助和庇护犹太同胞或非犹太人，他们相信，只有以诚相待，取信于人，犹太人才会拥有朋友而不树敌。

干净的手能挣更多的钱

《塔木德》中说，一双手干净的程度，与这双手能够拥有的财富数量成正比。

有个犹太妇人让6岁的儿子到百货公司去买东西。小男孩回到家里，从布袋里取出东西，让人想不到的是一枚钻石戒指也滚到地上。

小男孩没有买这样贵重的东西。

妇人领着儿子赶往百货公司，一边走一边对儿子说起一个在犹太民族已流传了几千年的故事：

拉比西蒙·本·舍塔靠砍柴为生，每天都要把柴火从山里背到城里去卖。他为了有时间研究犹太法典《塔木德》，决定买一头驴子代步。

拉比来到集市上，从一位窦玛利人那里买了头驴子骑回来。拉比的学生们见驴子很累，就把它牵到河里去洗澡。半路上，驴脖子上掉下来一颗足足有10克拉重的钻石。

学生们欢呼雀跃，认为拉比从此可以摆脱贫穷，专心致志地研读《塔木德》，同学们也能更好地聆听这部圣典了。

出乎学生们意料的是，当学生们把钻石交到拉比手上并说明来历之后，拉比连到河边牵驴都来不及，立即捧着钻石向集市跑去。

找到那位卖驴子的人，拉比把钻石交还到了他的手上。

看着卖驴人大惑不解的样子，拉比说："我买的是驴子，而没有买钻石。我只拥有那头驴子的所有权，驴脖子上的这颗钻石必须还给你。"

卖驴人恍然大悟，继而又露出惊奇的神色，恭恭敬敬地问道："你买了那头驴子，钻石是在驴子身上的，你不拿来还我我也不知道，你为什么还要这样做呢？"

拉比平静地回答说："这是我们犹太人的传统。我们的神训示过我们，我们的手是洁净的，只能拿走付过足够金钱的东西，所以钻石必须还给你。"

从百货公司回家的路上，这位犹太妇人又对儿子讲了和故事类似却真实发生的事：

有一次，拉比撒弗拉正在做祈祷，一个人来买他的驴子。买驴人出了一个价格，因为不能中断祈祷，所以拉比撒弗拉没有回答。买驴子的人把拉比的沉默当作了嫌出价低，于是报出了一个高一点的价钱。看到拉比仍没有回答，这位买驴人报出了一个更高的价钱。

做完祈祷，拉比对买主说："你第一次报价时，我就决定把驴子卖给你了，但我不能中断祈祷来答复你。你可以用第一次出的价格买走我的驴子。"

故事说完了，这个妇人没再说什么，只是说了一句意味深长的话："我们的手是干净的，拿错了财物，它就会变脏。"

不仅这个妇人这么说，犹太圣典《塔木德》中也有这样的话："真正的清白和真正的诚实是可以从一个人对待金钱的态度上看出来的。只有在金钱问题上可靠的人，才可以被看作是清白、诚实的。"

在《塔木德》之前，耶和华和犹太先祖就有这样的契约："你们不可偷盗，不可欺骗，也不可彼此说谎。不可欺压你的邻居，不可抢夺他人的财物。不可向着我起假誓，亵渎我的名声。"

做生意要确保双赢

《塔木德》中说，即使撤销合同，也要确保双赢。

摩根说："竞争是浪费时间，联合与合作才是繁荣稳定之道。"正是他，组织了世界上第一个金融"辛迪加"。洛克菲勒更胜一筹，他兼并近百家石油企业成立的"托拉斯"，曾经一度彻底垄断了美国的石油工业。

犹太民族的商人合作早已有了传统，因为有共同的文化基础，这种合作也较易进行。但是，犹太商人的合作范围远不止于此，只要合作能带来多于单干的利益，他们就愿与任何民族的商人合作，甚至曾经恨得咬牙切齿的敌人，他们也会坐下来谈合作。比如，洛克菲勒的合作伙伴很多曾是你死我活的劲敌。在合作与垄断上犹太商人表现突出，除了在这方面意识强烈之外，手法也堪一提，他们以己度人，极善用利益说动对方。

在合作中，犹太人认为找一个旗鼓相当的合作伙伴就成功了一半，合作不仅可以扬长避短，共同承担风险，而且可以增大双方的力量。那么怎样才是满意的合作伙伴呢？

犹太人的回答是明确的，他们愿意和知识渊博、精明能干、有雄厚实力的犹太人合作。总之，合作宛如找对象一般，各自有不同的标准和不同的需要，不能一概而论。但他们坚持：不学无术、无特长的不可合作；对人持怀疑态度、不以诚相待者不可合作；善于巴结逢迎、见风使舵者不能合作；思想僵化保守，不能跟上时代节拍且一意孤行的人不能合作。当然，与有实力的伙伴合作，看似可以背靠大树做文章，但大公司往往以强欺弱，容易造成大鱼吃小鱼的结果。不过，既然是双方合作，就有其合作的必要性，双方是各取所需，实力弱的一方没必要对另一方一味迁就，一味迁就的结果是姑息养奸，对方一旦掌握了你的特长，你就会被一脚踢开。

犹太人以理智的头脑选择合作伙伴，他们的合作往往是成功的。

犹太人的双赢还有另一层意思，即“一笔生意，两头赢利”。大多数犹太商人在商务往来时，能够通过巧妙的调整而取得双赢的效果。

雷曼兄弟的故事就能说明双赢这一技巧所创造的效益。

雷曼兄弟公司是一家有将近150年历史的老字号银行，20世纪70年代末期，其一年利润就可达3500万美元，而他的创业也具有传奇性。

1844年，德国维尔茨堡的一个名叫亨利·雷曼的人移民到了

美国，他在南方待了一段时间后，就同随后移居美国的两个弟弟——伊曼纽尔和迈耶一起在亚拉巴马定居，同时做起了杂货生意。

亚拉巴马是美国一个产棉区，农民手里只有棉花，所以，雷曼兄弟积极鼓励农民以棉花代货币来交换日用杂货。这样做是不是与犹太商人一贯的“现金第一”的经营原则不符呢？但雷曼兄弟的账却算得很清楚，他们认为：以商品和棉花相交换的买卖方式，不但能吸引那些一时没有现钱的顾客，而且能扩大销售量；同时在以物换物并处于主动地位的情况下，能操纵棉花的交易价格；经营日用杂货本来需要进货运输，现在乘空车进货之际，顺路把棉花捎去，还能节省一大笔运输费。这种经营方式可称作“一笔生意，两头赢利”，买卖双方都有的赚，何乐而不为？

在买卖中把握双赢的技巧，这不仅是雷曼兄弟的经商手段，也是大多数犹太商人采用的手段，从而使得他们的生意越做越大。犹太人这种“一笔生意，两头赢利”的赢钱术是符合现代经商原则的。

专注于实现目标

《塔木德》中有则故事是这样说的：

一个人找到智者约瑟，看到约瑟正在树上摘苹果。

“尊敬的约瑟，我有一个问题要问你。”这个人喊。

“我不能下树回答你的问题，因为我今天受雇于这里的庄园主，我的时间是属于他的。”

约瑟因为在树上说了拒绝回答问题的一句话，影响了摘苹果，收工之后主动向庄园主提出扣下一点工钱。

由此可见做事专注、集中精力也是犹太人的一个特征。

人的生命虽然各有长短，有人长命百岁，有人青壮之时夭折，但不管怎样，每个人都有其宝贵的一生。这一生，每个人只有一次。因此，人必须珍惜自己难得的一生，在这有限的人生中实现自己的愿望。

当然，人各有志，在不同社会、不同背景、不同时期，人的志向是会发生变化的。犹太人因其民族的特性和所处的环境，普遍都能从小怀志，确立自己人生的奋斗目标。正因为这样，许许多多的犹太人能集中人生有限的时间和力量去攻克一个目标，所以成功率比别人高。

在人生的竞赛场上，没有确立目标，是不容易得到成功的。许多人并不乏信心、能力、智力，只是没有确立目标或没有选准目标，所以没有走上成功的途径。这道理很简单，正如一位百发百中的射击手，如果他漫无目标地乱射，其结果是可想而知的。犹如驴子一天到晚绕着石磨不停地转动，但是什么地方也到达不了，因为它被套住了，失去了目标。

犹太人大卫·布朗是英国的一位商人，他的发迹过程，就是他一生目标的实现过程。他出生于1904年，父亲经营一间小型齿轮制造厂，几十年一直惨淡经营，仅可以赚取一点生活费。尽管如此，布朗的父亲还是一个头脑清醒的人，总结自己没有选好奋斗目标的教训，把希望寄托在儿子身上。为此，他严格要求布朗勤于学习和读书，每逢假日就规定他到自己的齿轮厂去参加劳动，与工人们一样艰苦工作，绝无特殊照顾。

布朗在家庭的教育下，在工厂里工作和生活了较长时间，养成了艰苦奋斗精神，熟悉了工业技术、知识，形成了自己的人生奋斗目标。这样，布朗父亲的目标总算实现了。但布朗自己的奋斗目标却不在齿轮厂，而是利用自己积累的经验向赛车生产这个目标去奋斗。他通过观察，发现当代人汽车使用已普及，预感汽车大赛将会成为人们的一种流行娱乐方式。于是他克服重重困难成立了大卫布朗公司，不惜投入重金聘请专家和技术人员搞设计，采用先进技术和设备进行生产。1948 年，布朗生产的“马丁”牌赛车在比利时举办的国际汽车大赛中夺魁，大卫布朗公司因此一举成名，订单如雪片般飞来，布朗从此走上发迹之路，布朗父亲及布朗自己确立的目标都实现了，可谓一箭双雕。

著名犹太政治家、美国前国务卿基辛格是专注于政治、成功于政治的又一事例。基辛格 1977 年被“逼下梁山”，退出政界，可他并不善罢甘休，梦想着有朝一日“东山再起”。他的夫人放出话来，如他重返政坛，她就与他分道扬镳。无奈之下，他只好转而从事对他来说完全陌生的商业咨询。

“创业”之初，基辛格一无法律根底，二无财政资助，也可以说是困难重重。但他毕竟聪明过人，索性一不拜律师事务所，二不拜银行，而打出“受雇政治家”的招牌，公开宣布：在收取巨额咨询费后愿为企业战略指点迷津，承担外交咨询使命，为公司老板充当国家安全顾问，大有“姜太公钓鱼，愿者上钩”之意。招牌亮出不久，“大鱼”纷纷咬钩。戈德曼公司、萨克斯公司和另一个由三家银行组成的财团一下子就付给了基辛格 35 万美元。他用这笔钱成立了“基辛格协会”，不仅自己干，还拉了一帮朋友，包括担任过美国国家安全顾问的斯考克罗夫特、担任过副国务卿的伊格尔伯格·罗杰斯等。

基辛格凭着自己对国际形势发展走向的精辟见解和入木三分的分析，身兼评论员、投资公司咨询家等职，使每年成百上千万的美元流入口袋。

犹太人从商，注重确立人生奋斗目标，先是确立目标，然后全力以赴而终至成功，这样才能充分发挥他们的潜在能力。

活用一切有利条件

《塔木德》中说，活用一切有利条件，充分发挥自己的潜能。

以色列的住房很紧张，几个德裔犹太商人只好将一个报废的火车车厢用作临时住舍。有一天晚上，那几个犹太商人穿着睡衣，在寒风中颤抖不已地来回推动车厢。一个本地犹太人不解地问："你们到底在干什么？""因为有人要上厕所，"推车人耐心地解释，"车厢里写着：停车时禁止使用厕所。所以，我们才不停地推动车厢。"

凡有过乘火车经历的人都很清楚"停车时禁止使用厕所"的含义。初看起来，那几个犹太人不知变通，死守规定，弄得两头不讨好：人冻得要命，环境卫生仍未搞好。

其实真实的犹太人并不是人们表面所看到的那样，从这个故事我们可以看到犹太人的另一面：从形式上遵守规定，同时又不真正改变自己原有的活动方式。这几个寄居在火车车厢之中的犹太人，就像长期寄居在其他民族社会中的犹太人一样。这条规定是铁路部门定的，这几个犹太人没有立法的权利，自然也没有废除某项法律的权利。说实在的，犹太人在各自所在的国家中，经常也要面临这类原该自然废弃但偏偏还实际起着“作用”的法律或约定俗成的规矩，要是他们也经常越俎代庖地宣布予以废除，带来的恐怕远不只是“环境卫生”问题了。因此规定不能废除，用厕所又在情理之中，聪明的犹太商人就想出了让列车“动起来”的点子。

犹太人的成功者有一个共同的突出之处，就是善于活用一切。他们由于历史的原因，所处的环境和条件千差万别，但不管在欧洲、美洲，或者在亚洲乃至非洲，不管从事商业、科学技术事业或是文化艺术乃至农业，都涌现出大批事业有成的佼佼者。究其原因，其中很重要的一条就是他们能适应环境，活用一切有利条件，充分发挥了自己的潜能。

犹太人认为，人生的过程中离不开自己所处的客观环境，也离不开自身的主观条件。改变整个客观环境，是整个社会的事，作为个人或企业，只能适应客观环境，利用好客观条件。至于主观条件，有些可以改变，有些则不能改变，这得靠自身的努力和善于活用主观条件。

每个人都有一些无法改变的条件，比如眼睛的颜色、身材的高低、出身背景等。每个人也有一些可改变的条件，如文化水平、工作能力、身体的强弱等，只要自己奋发学习，注意方法，适当地锻炼保养，是可以提高文化水平、增强工作能力、强健身体的。有些人的通病在于漠视本身的条件，没有灵活运用和充分发挥自有的潜能，却祈求或奢望自己所没有的东西，那是难以事业有成的。

爱因斯坦在读小学和中学时成绩平平，没有出众的表现。但爱因斯坦有自知之明，知道自己对物理学研究颇深，因此他读大学时选读了物理学。由于他发挥了自身的优势条件，在物理学方面取得了前所未有的伟大成就。但当以色列邀请他去当总统时，他却婉言拒绝了，他自知不具备当总统的条件。

在好莱坞，世界上最大制片中心老板高德温是位出生在波兰的犹太人，成就他传奇一生的是他充分活用了一切有利条件。他1882年出生于华沙，11岁丧父，家庭生活十分困难。为了生活，流浪到英国伦敦，曾在铁匠店当童工，他不怕苦和累，练就了一个强健的体魄。他没有进学校的机会，就利用业余自学文化。他到美国生活后，从打工到自己经营手套工厂，最后发展成为好莱坞制片中心的老板，富甲一方。

犹太人坚信，在这个世界上，只要你留心，可以活用的条件到处都在。他们还认为，人生的机会，大量存在于自己的周围和本身所潜在的条件中，关键在于你是否练就了开发这些条件的意志和眼光。自叹找不到脚下金矿的人，是既可怜又可悲的“睁眼瞎”。

以色列建国于20世纪40年代中期，选址在一个既缺资源，气候条件又恶劣的沙漠地区，但他们充分利用犹太人拥有的科技及人才条件，改造沙漠，创造滴水灌溉法，把一个不毛之地改造为农业发达的国家，出产的粮食、蔬菜、水果不仅可自给，还成为其出口创汇的重要来源。

犹太人在任何投资和买卖活动中，事前必定做周密的可行性研究。一旦决定做某项买卖或投资，必定制订短期、中期和长期的三套计划，以便灵活应对不同情况的发生。

短期计划制订投入后，即使发现实际情况与事前预测有相当大的出入，他们也会毫不吃惊或动摇，仍积极按原计划投入资金实施

下去。经过短期计划的实施后，尽管效果不及预料中好，他们仍会推出第二套计划，继续追加投入，设法完成各项策略的实施。若第二套计划深入进行后仍未达到预测的效果，而又没有确切的事实和依据证明未来会发生好转，那么犹太人则会毅然放弃这宗买卖或投资。一般人认为，放弃了已实施了两套计划的事业，岂不是前功尽弃，亏掉了不少投入？但犹太人却泰然自若，无怨无悔。他们认为，生意虽然未尽如人意，但没有为后来留下隐患，不会为一堆烂摊子而困扰未来的工作，长痛不如短痛。

这就是犹太人随机应变的生意经。

犹太商人在经营中能依据外部环境的变化，特别是竞争对手的变化而随机改变自己的战略战术，这确是高明的。当今市场变化多端，竞争激烈，企业能否顺应这种变化而动，成为企业能否生存和发展的关键所在。

英国一个犹太人占姆士原来满身恶习，是个标准的花花公子，到处寻花问柳，沉溺赌博。当他把父亲给他的一笔财产花光以后，生活也难以为继时，才觉醒要努力奋斗。

“浪子回头金不换”，占姆士决心从头做起。他从哥哥那里借来一点钱，自己开办了一间小药厂。他亲自在厂里组织生产和销售，从早到晚每天工作 18 个小时。他把工厂赚到的一点钱积蓄下来扩大再生产。几年后，他的药厂办得有点规模了，每年有几十万美元盈利。但灵敏的占姆士经过市场调查和分析研究后，觉得当时药物市场发展前景不大，而食品市场前途光明，因为世界有几十亿人口，每天要消耗大量的各式各样的食物。

经过深思熟虑后，他于 1965 年毅然出让了自己的药厂，再向银行贷得一些钱，买下“加云食品公司”控股权。这家公司是专门制造糖果、饼干及各种零食的，同时经营烟草，它的规模不大，但经营类别不少。占姆士掌控该公司后，在经营管理和行销策略上进行了一番改革。他首先将产品规格和式样进行扩展延伸，如把糖果延伸到巧克力、香口胶等多品种；饼干除了增加品种，细分儿童、成人、老人饼干外，还向蛋糕、蛋卷等发展，使公司的销售额迅速增长。接着，占姆士在市场领域上下功夫，他除了在法国巴黎经营外，还在其他城市设分店，以后还在欧洲众多国家开设分店，形成广阔的连锁销售网。随着业务的增多，资金变得雄厚，占姆士又顺势应变，收购了英国、荷兰的一些食品公司，使其形成大集网，声名鹊起。到 1972 年，他的食品连锁店已达 2500 家，成为英国最大的食品公司了。

占姆士时刻注视着市场风云的变化，随机应变，逐步由食品行业经营开拓到地产业、石油业、金融业、出版业。经过几十年的经营，他已成为世界 20 位超级富豪之一。

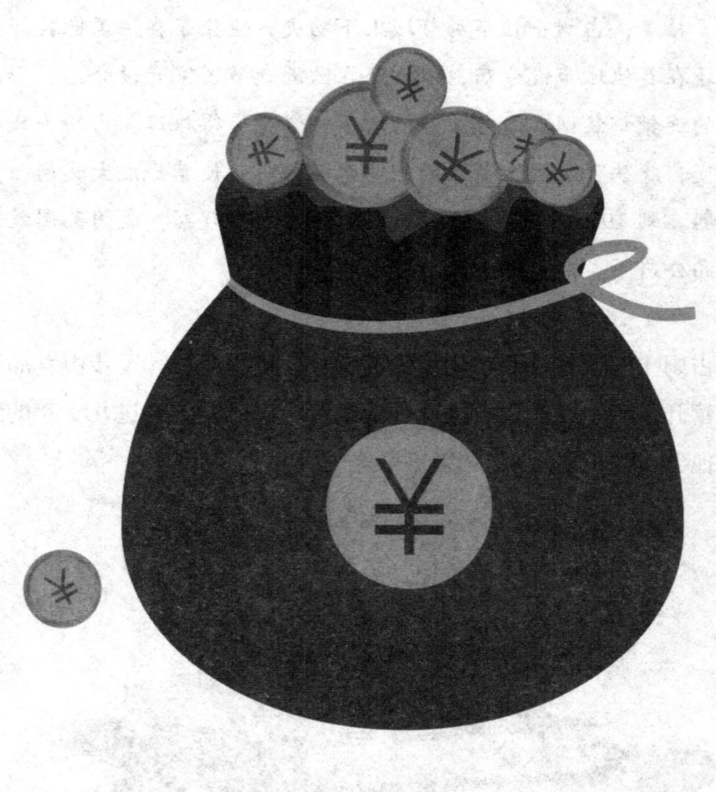

第七章

重视契约精神

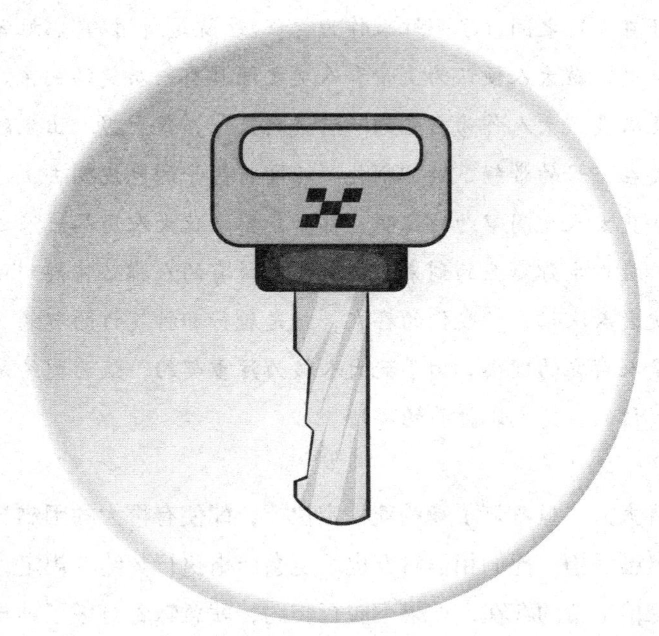

合同是与神的契约

犹太人的经商史，可以说是一部有关契约的签订和履行的历史。

《创世记》里有一则美丽的故事：上帝为了惩罚罪恶的世人，决定降大雨毁灭人类，只有挪亚及其一家被作为人类新的始祖，被上帝赦免。于是，上帝命挪亚造了一艘长约150米、宽约25米、高约15米的3层方舟，挪亚一家携鸟类和兽类避在里面。大雨一连下了40个昼夜，淹没了所有的陆地，只有挪亚一家劫后余生。洪水退后，挪亚建起祭坛，献上供品，感谢上帝的庇护。

上帝接受了供品，并和挪亚约定，以后不再毁灭世上的生物，而且还在天地之间画了彩虹来作为凭证。这就是所谓的"彩虹之约"。

从此，犹太人便认为上帝和人类之间具有一层契约关系。

上帝要犹太人作为自己的"特选之民"，犹太男人出生的第八天就要在父母的带领下做"割礼"（即将男子的包皮割去），作为上帝和犹太人之间契约的证明。耶和华要求犹太人历尽流浪之苦最后等待救世主弥赛亚的到来，到时候，所有的人都必将得到救赎。因此犹太人深信："我们的存在，就是履行和神签订的契约。"契约就是人存在的理由。由于犹太人极为注重契约，认为契约是和耶和华签订的，是无比神圣的事情。

犹太人一旦签订了契约就一定执行，即使有再大的困难与风险也要自己承担。他们相信对方也一定会严格执行契约的规定，因为他们深信上帝的存在，如果不履行契约，就意味着打破了神与人之间的约定，就会给人带来灾难。签订契约前可以谈判，可以讨价还价，也可以妥协退让，甚至可以不签约，这些都是自己的权利，但是一旦签订了就要承担自己的责任，并且要不折不扣地执行。

犹太人在经商中最注重“契约”。在全世界商界中，犹太人的重信守约是有口皆碑的。

犹太人认为“契约”是上帝的约定。他们说：“我们人与人之间的契约，也和与神所订的契约相同，绝不可以毁约。”既然“契约”是和上帝的约定，那么若毁约，就是亵渎了神圣的上帝。

犹太人由于普遍重信守约，相互之间做生意时经常连合同也不需要。口头的允诺也有足够的约束力，因为“神听得见”。

犹太人信守合约几乎达到令人吃惊的地步。在做生意时，犹太人从来都是丝毫不让，分厘必算，但若是在契约面前，他们纵使吃大亏也要绝对遵守。这对他们而言，是非常自然的事情。

有一个犹太商人和雇工订了契约，规定雇工为商人工作，每周发一次工资，但工资不是现金，而是雇工从附近的一家商店里领取与工资等价的物品，然后由商店老板和犹太商人结账。

过了一周，雇工气呼呼地跑到商人跟前说：“商店老板说，不给现款就不能拿东西。所以，还是请你付给我们现款吧。”

过了一会儿，商店老板又跑来结账了，说：“你的雇工已经取走了这些东西，请付钱吧。”

犹太商人一听，被弄糊涂了，经过反复调查，确认是雇工从中做了手脚。但是犹太商人还是付了商店老板的钱。因为唯有他同时向双方做了许诺，而商店老板和该雇工并没有雇佣关系。既然有了约定，就要遵守。虽然吃了亏，也只能怪自己当时疏忽轻信了雇工。

犹太人绝不毁约，但他们在谈判中非常讲究谈判艺术，千方百

计地讨价还价。因为不签订合同是你的权利，但一旦签订就要承担自己的责任，契约是神圣的，神的旨意绝不可更改。对于违约者，犹太人自然深恶痛绝，一定要严格追究责任，毫不客气地要求赔偿损失。

有一位出口商与犹太商人签订了1万箱蘑菇罐头合同，合同规定为："每箱20罐，每罐100克。"但出口商在出货时，却装运了1万箱150克的蘑菇罐头。货物的重量虽然比合同多了50%，但犹太商人拒绝收货。出口商甚至同意超出合同重量不收钱，而犹太商人仍不同意，并要求索赔。出口商无可奈何，赔了犹太商人的全部损失，还要把货物另做处理。

犹太商人看似不通情理，但事实并不那么简单。首先因为犹太人极为注重合同，犹太人可以说是"契约之民"。犹太人生意经的精髓在于合同。他们一旦签订合同，不管发生任何困难，也决不毁约。当然他们也要求签约对方严格履行合同。不容许对合同有任何的不严谨和宽容。

1940年，奥斯曼以优异的成绩毕业于开罗大学并获得了工学院学士学位。之后重新回到了伊斯梅利亚城。贫穷的大学毕业生想自谋出路，当一名建筑承包商。这在商人看来简直是白日做梦。奥斯曼也陷入窘境："我身无分文，但我立志于从事建筑业。为了这个目标，我可以委曲求全，从零开始。"

奥斯曼的舅父是一名建筑承包商，他曾经开导奥斯曼："要有自己的思想，不要人云亦云。"

奥斯曼为了筹集资金，学习承包业务，巩固大学所学的知识，便到了舅父的承包行当帮手。在工作中，奥斯曼注意积累工作经验，了解施工所需要的一切程序，了解提高工效、节省材料的方法。一年多的实践后，奥斯曼收获不小，但也有不少感慨："舅父是一个缺乏资金的建筑承包商。设备陈旧，技术落后，无力与欧洲承包公司竞争。我必须拥有自己的公司，成为一名有知识、有技术、能同欧洲人竞争的承包商。"

1942年，奥斯曼离开舅父，开始实现自己成为建筑承包商的梦想。他手里仅有1000英镑，却筹办了自己的建筑承包行。

奥斯曼相信事在人为，人能改变环境，不能成为环境的奴隶。根据在舅父承包行所获得的经验，他确立了自己的经营原则："谋事以诚，平等对待，信誉为重。"创业初期，奥斯曼不管业务大小、盈利多少，都积极争取。他第一次承包的是一个极小的项目——为一个杂货店老板设计一个铺面，合同金只有3英镑。但他没有拒绝这笔微不足道的买卖，仍是颇费苦心，毫不马虎。他设计的铺面满足了杂货店老板的心意，杂货店老板逢人便称赞奥斯曼，于是奥斯曼的信誉日益上升。奥斯曼的经营原则获得了顾客的信任，他的承包业务日渐壮大。

1952年，英国殖民者为了镇压埃及人民的抗英斗争，出动飞机轰炸苏伊士运河沿岸村庄，村民流离失所。奥斯曼承包公司开始了为村民重建家园的工作，用2个月时间，为160多户村民重建了房屋，他的公司获利5.4万美元。

20世纪50年代后，海湾地区发现大量可开发的石油，许多国家统治者相继加快本国建设步伐。他们需要扩建皇宫，建造兵营，修筑公路。这给了奥斯曼一个历史机遇，他以创业者的远见，率领自己的公司开进了海湾地区。他面见沙特阿拉伯国王并向他陈述自己的意图，同时向国王保证：他将以低投标、高质量、讲信誉来承包工程。沙特阿拉伯国王答应了奥斯曼的请求。后来工程完工，奥斯曼请沙特国王主持仪式时，沙特国王对此表示极为满意。

“人先信而后求能。”奥斯曼讲究信誉、保证质量的为人处世方法和经营原则，使他的影响不断扩大。随后几年，奥斯曼在科威特、约旦、苏丹、利比亚等国成立了自己的分公司，成为了享誉中东地区的大建筑承包商。

奥斯曼讲究信誉的做法，在一定情况下会使自己吃亏。但这种吃亏只是暂时的，所谓有亏必有盈，某次吃亏或经济利益受损却会给自己长远的事业带来积极的影响甚至长远的影响。

和奥斯曼一样，精明的犹太人相信，一诺千金是非常有意义的原则，它可以在你受挫折的时候给你必要的支持，保证你有足以东山再起的人际关系，它可以给你带来可靠的机遇，因为你已经赢得了别人的信赖和承诺。

契约与责任认定

A 将 B 连同 B 的牛都雇用来从事农作业。在作业中，牛因为事故死掉了。这种情况下，责任是 A 的还是 B 的呢？

《塔木德》认为应该是 B 的责任。A 是把 B 和他的牛一起雇用来的，所以应该理解成 B 在受雇的时候还充当牛的管理者，A 不负有责任。

还有一种情况就是，A 最初先从 B 那里租借来牛，然后再雇用了 B 本人。如果牛在以后的作业中死了，A 必须就牛的死亡对 B 做出赔偿。为什么呢？租借牛和雇用 B 是分别独立的两种契约关系。

工人（或雇工）对在生产过程中产生的损失和不良产品的出现有向雇佣方赔偿的义务，因为原材料是由雇佣方出钱买的。但是，如果是在雇佣方验货、收货，支付了工人工资之后才发现有分量不足或是有不良产品的情况，就不是受雇方的责任了，因为那时契约关系已经结束了。

这些做法明确了受雇方的责任范围，而现在的人们可能已经把这些作为常识来看待了。即使是常识范围内的惯例，也要将之纳入法律体系。纳入还是没有纳入，这个差别是巨大的。如果没有把商业惯例以立法形式确立起来，你请的工人就会不负责任地造出很多不良产品，并且认为："难道经营者不应该认识到生产中的损失是不可避免的吗？"或者，雇佣方在收货、付款之后，不小心损坏了产品，就会把责任推到受雇方的头上，说："不对啊，你交的货里面有次品！"从而要求对方做出补偿。即使是非常明确的事情，当事者双方都要使之明确，这就是契约，可以保护双方的利益。

对于物品的买卖，《塔木德》展现了独特的思维方式。

A 卖给 B 谷物。如 A 在正确地计量谷物以前，B 就把谷物接收过来，那 B 对谷物的所有权（和货款的支付无关）在这个时间点上就确定了。反过来说，A 虽然已经完成了对谷物的计量，只要 B 没有把谷物拿到手（即使他已经支付了货款），那 B 就没有谷物的所有权。

买卖行为的目的，从本质上讲是商品的所有权的转让，是从卖主有没有将商品转到买主手上来判断买卖的有效性。这也是《塔木德》的着眼点。所以，如果买主在没有付款的情况下就拿到了商品，之后，即使商品全部损坏，也认为是交易已经完成，而买主也不能让卖主全额赔付货款。

如果是在只有通过货款支付才能保证商品让渡的情况下，该怎么办呢？如果买卖的是不能简单搬运的大宗商品、石材或田里还没有收割的庄稼，又应该怎么处理呢？

对于这个问题，《塔木德》的解答十分简明：在买卖契约签订之后，买主权当借卖主的地方存放契约下的商品。这样，根据对场所的占有，事实上就把商品转到了买主的手中。如果是农作物，买主只要象征性地收割一点，就将拥有农作物的所有权。

严守秘密并遵守契约

沙拉·伊马斯是出生在中国上海的犹太人后裔，著名亲子教育专家，畅销书《特别狠心特别爱》的作者。

有一次，沙拉住在一个名叫海飞的犹太朋友家里。海飞有个外甥女马上要过12岁生日，海飞因有事，不能回家陪外甥女过生日，就拍了一段VCR，准备在孩子的生日那天播放给她看。但事有凑巧，海飞的事情突然取消了，所以海飞和沙拉一起到了以色列。这个12岁的小女孩的妹妹来外婆家玩，妹妹知道舅舅已经回来了，但姐姐本人不知道。小妹妹7岁，这样年幼的小孩，竟然不需要人叮嘱，就懂得替舅舅保守秘密。等到姐姐生日那一天，舅舅录制的VCR放完，舅舅才忽然现身。姐姐激动得热泪盈眶，说：“舅舅，你怎么来了？”舅舅告诉她，自己回来已经3天了。姐姐就问妹妹：“你们为什么不告诉我？”妹妹说：“抱歉，我们跟舅舅有个约定。我们答应了舅舅不说，所以我们不可以说。”

事情过后，沙拉做了一个小小的采访，问这个7岁的小女孩为什么不告诉姐姐，是什么让她保守秘密。她反问：“我有什么权利剥夺姐姐的快乐？”7岁的小女孩，说保守秘密是为了不剥夺姐姐的快乐——“那是姐姐的惊喜，我那么爱她，当然要保守秘密。”

犹太人的孩子，小小年纪，却能绝对保守秘密。

《塔木德》中说：“遵守契约，尊重契约，你获得的将不止是尊重。”犹太民族经历过长年累月的磨难，催生出坚不可摧的契约精神。犹太人认为，契约是人与神的约定，守信非常重要。犹太人非常重视、尊重别人的隐私，答应了别人不说的事情，就会做到守口如瓶，这也是契约精神的一种。能否保守秘密，是一个人是否值得信任的试金石，保守秘密到何种程度可以决定一个人的价值。

犹太人在做生意时，崇尚契约精神，认为契约神圣不可侵犯。各国商人在与犹太商人做生意时，对犹太人的履约有着非常大的信心，自然地，对自己的履约也会刻意提高要求。他们在与别人做生意时，有可能会出现不守合约的行为，但和犹太人做生意时，不守合约的行为却极少发生。犹太商人信守契约的精神，在商界有口皆碑。

美孚石油公司向餐具经销商犹太人乔费尔，订购了3万把餐刀和叉子，交货日期为9月1日，地点是芝加哥。乔费尔不敢怠慢，立即请厂商为他赶制。没想到，麻烦却来了，厂商磨磨蹭蹭，结果没办法按期交货。乔费尔是犹太人，信守契约精神，最后只好咬牙：“让刀叉坐飞机吧！”5小时内，3万把刀叉被装上飞机，9月1日，这架飞机装载刀叉准时到达交货地点芝加哥。乔费尔为此付出了很大的代价：额外多支出了6万美元。乔费尔的同行大为惊讶：“你疯了吗，乔费尔？多花6万美元就为了3万把刀叉？”乔费尔严肃地回答：“犹太人就是这样，作为生意人，不管你有任何的理由，你必须按照合同及时地按期交货。哪怕是由于别人的原因而给你造成了损失，你也没有理由不按期交货。这就是规则，必须这样做啊。”经过这件事，商界都知道了这个做生意注重合同的犹太人，越来越多的商人来和乔费尔做生意了，大量的订单雪片般地飞到了乔费尔的办公桌上。乔费尔吃的这点小亏给他带来了巨大的利润，这就是信守契约的收获。

第八章

谈判讲方法

不要带有任何情绪

生活中，一定要用理智来控制感情。谈判直接和你的经济利益挂钩，不要因为贪图一时的痛快而使自己的经济利益受到损失。

1809年1月，拿破仑从西班牙战事中抽出身来匆忙赶回巴黎。他的间谍证实外交大臣塔里兰密谋反对他。一抵达巴黎，他就立刻召集所有大臣开会。他坐立不安，含沙射影地点明塔里兰的密谋，但塔里兰却没有丝毫反应。

这时候，拿破仑无法控制自己的情绪，忽然逼近塔里兰说："有些大臣希望我死掉！"但塔里兰依然不动声色，只是满脸疑惑地看着他，拿破仑终于忍无可忍了。

他对着塔里兰喊道："我赏赐你无数的财富，你竟然如此伤害我。你这个忘恩负义的东西，你什么都不是，只不过是穿着丝袜的一团狗屎。"说完他转身离去。

其他大臣面面相觑，他们从来没有见过拿破仑如此失态。

塔里兰依然一副泰然自若的样子，他慢慢地站起来，转过身对其他大臣说："真遗憾，各位绅士，如此伟大的人物竟然这样没礼貌。"

皇帝的失态和塔里兰的镇静形成鲜明对比，这一件事在人们中迅速传播开来，拿破仑想挽救时，他的威望不可避免地降低了。

伟大的皇帝在压力下失去了冷静，人们感觉到他开始走下坡路了。如同塔里兰事后预言的那样："这是结束的开端。"

拿破仑因为失态而失信于民，也失去了谈话的主动权，最终使他失去了法兰西帝国。

商业谈判时更是如此，易感情用事者不宜谈判，一是情绪混乱会延缓谈判的进行，二是会导致谈判失败。这样的谈判结果，是任何人都不想要的。

犹太人认为，一旦把情绪带到谈判桌上，人就会表现出愤怒，一愤怒人就会把事情搞砸。把情绪带到谈判桌上是非常愚蠢的行为。

得理时就不要饶人

《塔木德》中说：要真理在手，就坚决地用真理来保护自己的利益。犹太人在劣势中与上帝谈判，与敌人谈判，与商场上的对手谈判，谈判的武器是“得理不饶人”。只要真理在手，就坚决地用真理来保护自己的利益，这就是犹太商法中谈判术的核心。

这条法则源于传说中犹太的先祖亚伯拉罕与上帝的一次谈判。

上帝得知所多玛城和蛾摩拉城的民众违反了教谕，便宣称以毁灭这两个城市来作为惩罚。

亚伯拉罕于是代表两城的民众来和上帝谈判。

“如果两座城有50名遵守教谕的人，你能不能宽恕所有的人和这两座城呢？”亚伯拉罕问。

“如果有，我就饶恕他们。”上帝表了态。

“如果只有45人呢？”亚伯拉罕穷追不舍。

“这样的话，也饶恕他们。”上帝又做了让步。

亚伯拉罕得理不饶人，机锋突现：“把拥有谨遵教谕之人的城毁灭掉，这难道合乎正义吗？”

上帝当然不想干不合正义的事情，于是干脆地做出了一个大大的让步，宣布说“只要有10位从来没有违反过教谕的人，我就不毁灭这两座城”。

所多玛城和蛾摩拉城的风险已经化为最小了。于是，已尽最大努力的亚伯拉罕和上帝敲定了这份口头契约，结束了这场谈判。

但是，这两座城市加起来，居然不到10个人从来没有违反过教谕。

亚伯拉罕只好悲伤地看着上帝降下硫黄，毁灭双城，看着所多玛城和蛾摩拉城陷为死海。

手握真理，即使和上帝谈判也可以据理力争。下面教给你一些逼迫对方做最大让步的技巧。

1. 只在非谈不可之时谈判

如果你是卖主，那么就在买主迫切需要时与他讨价还价，尽量表明绝无二价的态度；如果你是买主，那么就要让卖主知道自己可买可不买，问题的关键在于价格是否最公道。无论你是买方还是卖方，切记“核心问题不可让步，枝节问题可以交涉”。

2. 没有充分准备就不上谈判桌

要事先了解对方的境况如何，问题在哪，决定者是谁等。

3. 有所求有所不求

实现双赢仅仅考虑自己，只会使谈判陷入僵局，甚至逼迫对方撤退，使自己一无所获。因此，即使赔钱，也要在某一方面让对方有所获益。

4. 保守自己的秘密，渐露锋芒

保守住自己的秘密，可以使对方不至于考虑周全对付自己的策略；渐露锋芒则易使对方接受自己的观念。

5. 做谈判桌上的理性人

对于自己喜欢的东西，只要表明喜欢即可，不可流露出非获取不可的倾向，否则你将为此付出代价。

6. 把握向对方施压的分寸

第一，保持竞争的势头，可替代方案越多越好。第二，视对方为合伙人而不是敌人，在温和中使对方和自己趋同。第三，使对方感觉到（而不是由自己说出）如果不依你的条件，问题将十分严重。

7. 以战取胜，打败对方

使对方的可期利益为“零”，使己方的可期利益达到最大值，这种“以战取胜”式的谈判适用于两种情况：第一，双方不会再相遇。第二，买卖一方比另一方实力强大得多。

其可能的危害性有：失去友谊和未来的合作机会；因对方的奋力反击而受损；对方因屈从而不积极履约。

8. 最好让对方打破僵局

僵局需要打破，但率先打破僵局的一方，一般都要以牺牲自己的利益为代价。

9. 提前确立谈判截止时间

谈判中单方面宣布截止时间，这常常被看作是一种威胁；双方共商截止时间，会使谈判的气氛和谐。这一时间得到确定可以加快谈判节奏，振作参与人员的精神。

10. 让副手与对方纠缠，摸清对方底牌

费了九牛二虎之力，最后亮出底牌，以为大功告成，却发现对手空有头衔，并没有实权来做决定，这令人火冒三丈的游戏其实符合游戏规则。

犹太人几乎人人都是谈判高手。他们信奉攻心为上：尽可能和有决策权的人坐在谈判桌的两边；冷静地激怒对方，以打探对方的底细；站在对方的角度想问题，给足对方面子；注重谈判时的衣着，

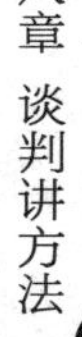

勤记笔记，形成了一套独特的谈判法则。

他们在2000年的岁月里四处流浪，在劣势中与上帝谈判，与敌人谈判，与商场上的对手谈判。谈判的结果是他们胜利走出了劫难，并生存了下来。秘诀就是他们拥有高超的谈判智慧，得理不饶人。

把握好谈判的时机

不要不合时宜地谈判，而要选择最好的谈判时机。这对犹太人来说是最讲究的。有很多生意谈判之所以没成功，并不是因为它们不好，也不是因为执行未到位，而是执行的人没有选择适当时机。

有一次，一位美国商人前往以色列谈判，他带了一大堆分析犹太人精神及心理的书上路了。

飞机在以色列着陆，他马上受到两位专程前来的犹太职员彬彬有礼的接待。他们替他办好一切手续，把他送上一辆豪华的轿车，让他一个人坐在宽大的后座。美国人问：“为什么不一起坐？”

“你是重要人物，我们不应妨碍你休息。”犹太人毕恭毕敬地回答。

“先生，你会说阿拉伯语吗？”犹太人问。

“哦，不会，但我带了本字典，希望学学。”

“你是否非得准时乘机回国？我们可以安排专车送你到机场。”

“真周到！”美国人乐了，把回程机票掏出来让他们看——哦，准备逗留14天。

现在，犹太人已知对方的期限，而美国人还懵然不知犹太人的底细。

犹太人安排来客花一个多星期游览，从皇宫到神社全看遍了，甚至还安排他参加了一个用英语讲解“禅机”的短训班，据说这样可让美国人更好地了解宗教风俗。

每天晚上，犹太人让美国人跪在硬地板上，接受他们殷勤好客的晚宴款待。往往一跪就是4个半小时，叫他厌烦透顶却又不得不声声称谢，但只要提出谈判，他们就宽慰说：“时间还多，不忙，不忙……”

第12天，谈判终于开始了，然而下午却安排了高尔夫球。第13天，谈判再度开始，但为了出席盛大的欢送宴会，谈判又提早结束。晚上，美国人急了。

第14天早上，谈判重新开始，当谈到紧要关头时，轿车开来了，往机场去的时间到了。这时，主人和客人只得在汽车开往机场途中商谈关键的条件，就在到达机场前，交易谈成了。

所以，选择时机在谈判中比其他任何的因素都更为重要，它在整个谈判过程都发挥着作用。时机有可能帮助你赢得生意，也可能让你把整个生意搞得很糟，一切就看你如何把握了。

如果你相信一项主意，并且相信这项主意对某位特定顾客是有意义的，那你就去访问他，告诉他你的主意。但一定要在一个比较有利的时间提出来。任何一项交易，无论是一笔简单的买卖，还是一系列历时多年的复杂交易，都会发出它特有的感觉信号，任何人都可摄取。

在谈判过程中，你可以控制时机，可以从对方那里得到行动的提示。显然，要达到这个目的，你应该做的是倾听而非说话，而且要真正听取对方告诉你的话，并且善于理解它。只要你的问题提得恰当，你可以获得许多有关时机选择的线索。

在谈判过程中选择适当的时机并不是一件困难的事。每天都会有许多意想不到的时机出现在你面前，你必须敏感地对这些良机的重要性做出及时反应，因势利导。

那么，应该如何利用谈判的最好时机做事呢？

1. 利用别人愉快的时机

延长、续订或重新签订合同时，千万不要在这份合同即将期满的时候去做，就如同要与对方达成于己有利的交易要趁对方高兴时一样，你应该选择对方愉快时去延长或者续订合同。如果对方得到某个好消息，即使它与你无关，你这时去向他提要求，大多也会畅通无阻。

2. 利用别人倒霉的时机

别人倒霉或不幸的时机，能为你创造各种各样的机会，正如你应该趁当事人最愉快的时候来续订合同一样，你应该在潜在客户对你的竞争对手最感不满时跟他达成一份合同。

3. 刚上任或快下台的人好交易

刚上任的人急于干些事使自己出名，而他通常又被赋予充分的行动自由；即将离任的人，因为自己将不再为这样一些头痛的事四方奔走，也不再斤斤计较。

4. 运用非常时机的时机选择

在非上班时间、深夜或周末期间打电话，往往会有较大的效果。你一定要这样开头："这件事太重要了，所以，我才现在告诉你。"

5. 花时间去缓和威胁

选择时机是缓和对方要求的最好办法。我们可能迫使对方做出答复，而又做得不那么使人听起来别无选择。

6. 利用忙人的注意力

比较繁忙的人，他的注意力不会长时间地停留在某个问题上，所以你必须直来直去，把机会让给对方说，否则你只会引起对方的抵触或心不在焉。

此外，还要对事情的轻重缓急有清楚的认识。如果你讨论的问题很多，或者你要使对方接受的项目很多，那就一定要为最重要的问题留下充分的谈判时间。千万不要把自己搞到“我能再占用几分钟吗？”的境地。

多准备几套方案

制订不同的谈判方案，而且千万不要对谈判成功抱有100%的信心。绝大多数的谈判都会按照一种特定的形式进行，并且时常受到迟迟无法达成协议的困扰。如果你事先没有准备好其他的方案，你就会很被动。

推销工作很多时候就像在和顾客谈判，有一位叫罗杰斯的年轻空调推销员，以极大的热忱投入工作。所到之处，他都热情地把空调从头到尾向买主介绍一通，乐此不疲。起初这一招也起点作用，但后来遇上一位犹太顾客——斯克特，情况就不一样了。

斯克特静静地听完了罗杰斯的介绍，起初一言不发，但后来他针对空调的优点大谈起来：“这种空调确实有不少优点。但是，由于它是新产品，质量是否可靠、性能是否优越都很难说。虽说噪声低，但比名牌的噪声大多了，我家有老人，噪声大了会影响休息。虽然不用换电表，但我住的是旧房，线路负荷已经够大的了。若再用这么大功率的空调，会引起麻烦的。而且天气已经降温了，可能这个夏天不会再有高温了。如果买了不用，半年的保修期很快过去了，等于没有保修。”听了这番吹毛求疵的挑剔，一向善辩的罗杰斯从没遇到过这样的情况，竟一时哑然，在受到“突袭”的情况下只得降价以对。

针对这种情况，犹太商人提出了制订多种“杀伤力方案”的方法：

1. 决定方案的用途

在准备方案之前，首先应当弄清楚所准备的方案是做什么用的；谈判失败时，你是提供给对方不同于现实谈判目标的新条款呢，还是开出另一些条件？很显然，前一种方案是全局性的，后一种方案是局部性的。

2. 决定采取什么方式

采取横向谈判的方式，你可以将准备洽谈的议题全面铺开来，并且规定好每轮要讨论多少个问题，按顺序一轮一轮地谈生意。采取纵向谈判的方式，你可以把要谈判的问题整理成一个序列，按问题的内在逻辑要求，按顺序进行谈判。一次只谈一个问题，这个问题不彻底解决则不进行下一问题的讨论。

3. 不能忽略重要元素

在谈判方案的制订当中，一些重要元素一定不能忽略，例如，谈判主题和目标、谈判时间、谈判期限、谈判议程等。

犹太商人认为，在成功之前，需制订多个不同的谈判方案。这样做的好处在于：万一初次谈判宣告失败，你还可以提出那些准备好的不同方案由对方思考，而不至于接受一个你毫无思想准备的交易——虽然签约的一刻，你觉得那是你唯一可以做出的选择。

下篇

处世智慧

第九章

生存的哲学

现实主义才是最实用的

奥地利的硝烟散尽之后，皇帝想要犒劳那些在战役中英勇无畏的不同民族的人们。

“说出你们的愿望来，我将以此奖赏你们——我的了不起的英雄们。”皇帝说。

“把波兰归还我们吧！”一个波兰人嚷道。

“它是你们的了！”皇帝应道。

“我是个农夫——给我土地！”一个农夫叫道。

“土地是你的了，我的孩子！”

“我想要个啤酒厂。”德国人说。

“给他一个啤酒厂！”皇帝下了命令。

然后轮到了一个犹太士兵。

“你呢，年轻人，你想要什么？”皇帝脸上带着鼓励的微笑问道。

“如果能够的话，陛下，我想得到一条非常漂亮的青鱼。”犹太人怯生生地嘀咕着。

“哎呀呀！”皇帝叫道，耸了耸肩，“给这个人一条青鱼！”

皇帝离开以后，那些英雄们围住了犹太人。

“你多傻啊！”他们责怪他说，“想想看，当一个人想要什么就能得到什么的时候，你却只要了一条青鱼！你也太辜负皇帝的美意了吧？”

“我们倒是看看谁是傻瓜！”犹太人回敬道，“你们要波兰的独立，要土地，要啤酒厂——这些东西你们根本不可能从皇帝那里得到。而我呢，你们看，我是一个现实主义者。我要一条青鱼——

马上我就能得到了。”

我们必须认清现实，不能想当然地过多地要求，否则等待你的只有失望。当然，这并不是说人不能有远大的理想，只是在此提醒人们，在面对现状时，还要有实际的目光。

绝不能轻信任何人

犹太人的习惯是不相信任何人，甚至连自己的父母和妻子也不相信。犹太父母从小便教育自己的孩子，世界是复杂的，绝不能轻信任何人。

有这样一则故事就说明了犹太人的教育方法。

3岁的约翰有一天和姐姐在客厅里玩得正高兴。这时，爸爸刚从外边回来，把约翰放到壁炉台上，然后松手道："约翰，跳到爸爸怀里来。"约翰因爸爸也和自己玩，显得很高兴，笑着往爸爸怀里跳。可是，当约翰快要落到爸爸怀里时，爸爸却突然抽回了手，约翰摔在地上，哇哇地哭开了。小约翰哭着跑到坐在对面沙发上的妈妈怀里，妈妈也只是笑着说："爸爸真坏！"父亲则站在一旁，以嘲弄的眼光望着可怜的上当受骗的小约翰……

犹太人认为这很正常，他们会说："像这样重复几次，孩子就自然认为，爸爸也不可相信，这样他们以后自然就不会轻信任何人。"这种只信自己的思想，是孩子们独立意识形成的基础。从小在家庭中，他们便以一种平等的身份和父母相处，即使父母是大富翁，他们也直呼其名。正是这种平等和独立思想，使孩子从小就认识到，连父母也不可依靠，要想生活得舒适，就得靠自己去奋斗争取！所以，他们成年之后即年满 18 岁后，就开始独立生活，自己赚钱养活自己。正因为这种从小就开始的教育法，他们凡事都小心谨慎，很少上当受骗，也很早就能够适应社会，找到解决生计的好方法。

生意场上是最忌轻信的。商场如战场，一不留神就会遭受巨大损失。犹太人正因为从不轻信别人，不被许多事物的表象所迷惑，所以才能在生意场上纵横捭阖。很有趣的是，他们中有些人不仅不相信父亲和朋友，而且连自己的妻子也不相信。正因如此，许多犹太人为了避免婚后遇到这些麻烦，就干脆不结婚，独身的犹太富翁很多。一位终身不娶的犹太大律师所言：“娶了老婆，她定会觊觎我的财产，为了得到我的财产，说不定什么时候她就会害我，我何必冒生命和财产的危险去结婚呢？”这些观点，我们看起来有点极端，但犹太人却认为这是正常的。

精明是赚钱的基础

犹太人精明、干练地运用自己的智慧去做各种事情。他们的超级精明，使他们在商界占尽了便宜。他们从不掩饰自己的精明，并宣称：只有精明才能赚钱。

犹太人对精明的态度，就像他们对钱的态度一样。在犹太人的心目中，精明似乎是一种理所当然的东西。犹太人不但很欣赏、器重和推崇精明，并且指出精明除了可以带来实效之外，用其他的标准很难衡量精明的价值。

下面是一则体现犹太人精明的笑话：

美国和苏联成功地研制出了载人火箭之后，德国、法国和以色列也联合拟订了运行载人火箭飞行计划。火箭与太空舱都准备就绪，就差飞行员的挑选了。工作人员先问德国应聘者，参加太空飞行的报酬是多少。

“给我 3000 美元。”那位德国人说，“1000 美元自己用，1000 美元给我妻子用，还有 1000 美元留作购房基金用。”

工作人员又问法国应征者，法国人回答说：“我需要 4000 美元。1000 美元归自己，1000 美元给老婆孩子，1000 美元归还购房的贷款，另外 1000 美元留给我的情人。”

最后，工作人员征求以色列应征者的意见，以色列的应征者说：“我要 5000 美元才肯干。1000 美元给你，1000 美元归我，剩下的 3000 美元用来雇那个德国人开飞船。”

犹太人的精明从这则笑话中可以看到，他们只需摆弄数字就能与从事高风险工作的人享受同样的待遇，这正是犹太商人经营风格中最突出的特色之一。

这并不是其他民族对犹太人的精明做出的一种刻薄讽刺，而是犹太人自己发明的笑话。从笑话中看，犹太人并没有剥削德国人，德国人仍然可以得到他的 3000 美元。

因此，在这则笑话中，犹太人的精明没有超出“合法”的界限。而且仅从结果来看，任何一国的应征者处于这种“白拿 1000 美元”的位置上，都会感到很知足。但他们都不会提出像犹太人一样的要求，他们甚至连想也不会想，这种“过于直露的精明”在潜意识中就被否定了：他们会为自己的精明而感到羞愧。

而犹太人丝毫不对自己的“过分”精明有半分羞愧，有的只是一种得意，一种因为自己想出了这么巧妙精明的回答而“扬扬得意”的心情。似乎“过于直露”的顾虑，一点也不能影响他们的精明盘算，更不能影响他们对精明本身的推崇。

犹太人中间还流传着这样一则笑话：

伊万想喝酒，便向村里一个犹太人借一个银币。他们双方商量了条件：伊万明年还加倍的钱，在此期间他用斧子做抵押。伊万刚要走，犹太人叫住他：“伊万，等一等，我想起一件事，到明年要凑足两个银币你是有困难的，你现在先付一半不是更好吗？”这话使伊万开了窍，他归还了银币，走到路上又想了一阵子，然后自言自语地说：“怪事，银币没了，斧子没了，我还欠一个银币——那犹太人还蛮有道理的。”

犹太人认为，精明完全是一种东西，甚至是值得大肆炫耀的东西。可以说，对精明的态度，没有人比犹太人这样坦荡或欣赏了。

还有这样一个故事：

二战期间，波兰已落入希特勒的魔爪，边上的小国立陶宛也在虎口边上。于是立陶宛的犹太人纷纷逃离，经日本迁往他国。一天，日本政府机关的函电审查官，前往日本犹太人委员会调查一个犹太拉比卡利什发往立陶宛的一个函电的内容。电文上写着：“6个人可以披一块头巾祈祷。”委员会主席阿南也不知该电文是何意思，只好解释说：“这是一个宗教礼仪上的问题。”审查官听了这番话觉得有理，就让他把电报发出去了。后来，阿南终于找到那位可敬的拉比，向他询问“6个人可以披一块头巾祈祷”的意思。拉比却用深沉而悲哀的目光久久地凝视着他，然后说：“你难道没听说过这句有名的《塔木德》格言吗？6个人可以用一份证件上路。”阿南这才恍然大悟。卡利什拉比刚刚离开欧洲来到日本，他关心着立陶宛的犹太同胞。他知道，日本的边境上办签证是以家庭为单位的。于是，他就给立陶宛的同胞建议，6个本来不属于一家的人可以作为一个家庭申请签证，以便更多的犹太人可以借此离开。日本人没研究过《塔木德》，就连犹太人委员会的主席阿南也搞不懂拉比的意思。所以，当一个又一个犹太人的“六口之家”通过各种途径踏上日本列岛时，日本人只会惊叹犹太人家庭的高度同一性，根本想不到犹太人的家庭人数竟是由日本的入境管理条例所决定的。1939年10月至1940年5月，大约有1万名犹太人从波兰逃到立陶宛，其中又有2000人逃到神户。

“6个人可以披一块头巾祈祷”，就是这一转移过程中的小插曲，这就是犹太人的精明。

有一个叫菲勒的犹太人，活到77岁，弥留之际，他让秘书在报纸上登了一条消息，说他将要去天堂，愿意给逝去亲人的人带口信，条件是每人收费100美元。

这样一条看似荒唐的消息，却引起了很多人的好奇心，1000个人给他汇来了支票，结果他赚了10万美元。假如他能在病床上多坚持几天，也许会赚得更多些。

他的遗嘱也很特别。他嘱咐秘书再登一则广告，说他是一位非常礼貌的绅士，愿意寻找一位有教养的女士共居一个墓穴。结果，真有一位贵妇人愿意出10万美元和他合葬。

这就是犹太人，即使是在生命的最后时刻，也不放过任何可以赚钱的机会。

精明既没有违反法律，也不会妨碍道德。犹太人只是用很巧妙的办法，解决了别人认为很困难的事情，而这种精明是大家容易接受的，大家也很欢迎这种精明。这就是犹太人的赚钱理论。他们很实际地告诉顾客“我要赚钱”。他们让别人清楚地看着他们怎样在赚钱。

示弱是一种交际策略

精明的犹太人做起事来，总是让人感到不可思议，有些时候，他们公开承认自己的短处，把自己某些方面的弱点有意暴露出来，采取这种方式来赢得交际方面的优势。也许这让人感到不可理解——犹太人是最精明的人，为什么也会做出这样的傻事呢？其实不然，如果你细细地品味，就会明白犹太人的这种示弱，其实是一种高明的交际策略。

事业的成功者，生活中的幸运儿，难免会被人嫉妒，在这种心理困惑一时还无法消除时，适当的示弱能使处境不如自己的人保持心理平衡，更利于交际。

聪明的犹太人总会给别人一种“他们并不聪明”的错觉。在犹太人的群体中很少听到“我要证明给你看”之类的话，这等于说“我要证明给你看，我比你聪明”。他们认为，这实际上是在挑衅，会让别人产生厌恶之情，会爆发一场冲突，对事态的发展不利。在这种情况下，想改变对方观点几乎不可能。所以，不如顺从对方的意思，这样可能会收到更好的效果。

拿破仑的家务总管康斯坦，在《拿破仑私生活拾遗》中写道，他常和约瑟芬打台球：“虽然我的技术不错，但我总是故意输给她，这样她心里就会高兴。”我们可从康斯坦的话里得到一个经验：让我们的顾客、朋友、丈夫、妻子在琐碎的争论上赢过我们。

林肯有一次斥责一位和他人发生激烈争吵的青年军官，他说：“任何决心有所成就的人，一定不会在私人争执上浪费时间。争执的后果，不是他所能承担得起的。这后果包括失去自制、发脾气。要在跟别人拥有相等权利的事物上，多忍让一些；而那些显然是你对的事情，就让得少一点。”

有位爱尔兰人名叫欧·哈里，听过卡耐基的课，他受的教育不多，可是总喜欢和人抬杠。他当过人家的汽车司机，后来因为推销卡车并不成功，来求助于卡耐基。

在听完他的诉说后，卡耐基就发现他老是跟顾客争辩。如果对方指出车子的毛病，他就会毫不客气地和对方辩论。

欧·哈里承认，他在口头上的辩论很少输过，但却因此失去了很多的顾客。他后来对卡耐基说：“在走出人家的办公室时我总是对自己说，我总算出了一口恶气，整了那混蛋一次。我的确整了他一次，但我却没能把东西卖给他。”

卡耐基的第一个难题不在于怎样教欧·哈里说话，而着手要做的是训练他如何自制，适当示弱。在卡耐基的帮助下，后来，欧·哈里成了一名成功的推销员，下面是他说的一段话：

“如果我现在走进顾客的办公室，而对方说：‘什么？怀德卡车？不好！我要的是何赛的卡车，就算是把你的卡车送给我，我也不会要。’我会说：‘何赛的货色的确不错，买他们的卡车不会错，何赛的车是优良产品。’这样他就无话可说了，没有抬杠的余地。如果他说何赛的车子最好，我也会说好，他只有住嘴了。他总不能在我同意他的看法后，还老是抱着‘何赛车子最好’的观点说一下午吧。接着，我们不再谈何赛，而我就开始介绍怀德的优点。当年若是听到他那种话，我早就忍不住了，会马上对他进行回击，我会不断地挑何赛的错，而我越挑剔别的车子不好，对方就越说它好。争辩越激烈，对方就越喜欢我竞争对手的产品。现在回忆起来，觉得以前的推销工作真是太失败了！以往我在抬杠上花了很多时间，现在我管住了嘴巴果然有效。”

伽利略说过：“你不能教人什么，你只能帮助他们去发现。”由此可见，适当示弱也是一种交际技巧。

犹太人认为，交际中必须善于选择示弱部分。成功者在失败者面前多说自己失败的地方、现实的烦恼，给人以“成功不易”“成功并非易事”的感觉；地位高的人在地位低的人面前尽量表示自己平凡的一面，让人感觉你也是一个平凡人；对眼下经济收入不如自己的人，可以对他说说自己的难处，例如，子女学业不好、身体欠佳等，让对方感到你也有很多难事；某些专业上有一技之长的人，最好宣布自己在其他方面一窍不通，把自己在日常生活中闹过的笑话说出来；等等。至于那些完全因偶然机遇或客观条件侥幸获得成功的人，更应该直言不讳地承认自己只不过是侥幸罢了。

示弱有时还要表现在行动上。自己在事业或其他某些方面即使有和别人竞争的实力，也要尽量回避。也就是说，一些小名小利应淡泊些、疏远些，因为很多人已经把你的成功当成了自己嫉妒的目标，不可以再为一点小名小利惹火烧身，应当让出一部分名利给那些暂时处于弱势中的人。

有位记者去采访一位犹太富翁，想获得一些关于这位富翁的丑闻资料。然而，还来不及寒暄，这位犹太富翁就对这位记者说："我们可以慢慢谈，因为时间还很长。"富翁这种从容不迫的态度让记者大感意外。

很快，仆人端来了咖啡，这位富翁端起咖啡喝了一口，立即大叫道："太烫了！"咖啡杯随之滚落在地。等仆人收拾好后，富翁又拿出一支香烟。记者看到，他把烟叼反了，从过滤嘴处点火。记者赶忙提醒富翁："先生，你将香烟叼反了。"富翁听到这话之后慌忙将香烟拿正，没想到在慌乱中却打翻了烟灰缸。

平常挥金如土、趾高气扬的富翁出了一连串洋相，使记者感到很意外，顿时，原来的那种挑战性的采访想法淡下去了。

其实，所有这些都是富翁一手安排的，当人们发现一个著名人物也有许多缺点时，会消除抵触情绪，对他产生亲近感。

有的时候，表现自己的弱点是被迫的，但是这种示弱方法在犹太人的交际中，却帮了他们的大忙。

交际中，要使别人对你产生好感，只要你把某些无关痛痒的缺点很巧妙地、不露痕迹地暴露在对方面前，出点小洋相，表明自己并不是一个十全十美、高高在上的大人物，这样就会使人在与你交往时松一口气，不视你为敌，而你的交际活动也能因此从容不迫、应付自如。

第十章 一定要享受生活

全心工作并好好休息

赚钱为了享受，这是犹太人赚钱的目的，也是他们对于商业目的的最好诠释。因此，犹太民族在经商时劳逸有度，使工作与生活两不误，真正体会到了人生的真谛。

在犹太人看来，没有空闲，不会合理安排时间的人，是不会赚钱的人。犹太人认为，要赚钱，首先得有赚钱的时间，而且在赚钱中要合理使用时间，否则就等于白白浪费时间。人的一生是短暂而又漫长的，许多人成天忙忙碌碌却无所作为；许多人整日沉湎于酒桌牌桌之间，日子被无端地浪费，这些人都不会合理安排时间，注定成不了大器。

有的人之所以是“大忙人”，是因为他一直在辛苦地工作，为赚钱而忙碌。按照犹太人的生意经，该忙的时候就要忙，否则没有效率。但是，“忙”与“闲”是相对的，学会“忙里偷闲”，生活才是丰富多彩的，会生活的人才是真正的人。因此，犹太商人又常常是“大闲人”。

犹太人视时间如金钱，他们在谈生意时，会客观而若无其事地谈论自己和别人的寿命：“先生，今年 70 岁了吧，大概还可能再活 5 到 10 年左右！”

对于其他任何民族来说，若初次见面就谈这种“不吉利”的话，一定会遭到对方的白眼。而犹太人却很坦然，他们认为人生下来以后就注定要死，不必对死畏惧。知道自己还能活多久，就意味着知道自己还能赚多少钱。犹太人活到老赚到老，他们对死的态度是客观和冷静的，一旦知道还能活几年，就会抓紧这几年享受和赚钱。

由于犹太小孩子从小就接受“自主”教育，所以犹太老人也不可能依靠子女赡养，只有自己赚到了钱，安逸的生活才会有保障。

正是因为犹太人自知天命，他们便拼命抓紧时间赚钱。

同时，他们又是世界上最懂得享受的人。因此，犹太人认为，应该松弛一下自己紧张的心情——放下一切工作，去思索一些问题，譬如：自己为什么会诞生到这个世界上？负有什么使命？何谓人生目标？……都是人们最基本的思索，即使永远无法求得答案，也会加强一个人思考的深度。

此外，人还应该学会放松自己，学会去休息。有很多人常常为了努力工作，而逐渐远离自己本来所应拥有的生活。犹太人认为，乍见之下，“忙碌”似乎是一种勤勉，其实不然，忙碌并不是一直都值得称赞的。

为此，犹太人最大的生活特色之一，就是他们十分重视假日。在以色列，犹太人有许多假日，遍布世界各地的犹太人，也常常把度假作为自己生活的重要部分。

在假日里，犹太人不谈论有关工作的事，不思考有关工作的问题，不阅读有关工作的书，也不从事有关工作的计算，全身心地娱乐、放松。

在假日里，人们可以访问朋友，把工作抛诸脑后，可以彼此交谈，谈人生观、人生理想以及艺术……父母与孩子相处，查看孩子们的作业，询问他们在学校中学到些什么，或者约好友或者带全家周游各地，既饱眼福又饱口福。

在犹太人心中，工作对人生是有益的，但是如果一个人只知工作而不知休息的话，他们会失去了人性。因此，在假日里，他们能真正脱离所有工作的羁绊，全身心地休息。

家庭和事业同样重要

古人说先成家后立业，现代人则信奉先立业后成家，这都是片面的。犹太人认为，事业与家庭没有谁先谁后的问题，它们是并列的关系，需要你同时经营。如果经营得当，你就能自由地穿梭在事业与家庭之间，你就能在平衡中感受到人生的无限幸福。

不要心存幻想，先干事业后理家庭，或者先经营家庭后打拼事业。很多时候当你做完了前者，你会发现来不及顾后者了。所以，你要放弃这种先后的想法，树立起双赢的意识。也许在不同时期你会有不同的偏重，但请你记住，偏重不等于偏颇。事业与家庭，可以相互促进、相得益彰。

很多人都认为，男人因成就事业而成就家庭，女人因成就家庭而成就事业。听起来似乎有些道理，但男人真的只要事业成功就能家庭幸福吗？女人真的埋首家庭就可以幸福吗？

成功的男人似乎更容易获得幸福的家庭。但我们应该知道，如果他的家庭幸福，那一定是他用心经营的产物，而不是事业成功的结果。如果他只是一味地埋头工作而忽视家庭，那么他的家庭迟早会忽视他甚至背叛他。成功的事业只是为他提供一种可能，能不能真正获得幸福还要靠他执着于此的努力。

社会上往往有这样的偏见，事业成功的女人一定会家庭不幸，而她要想获得幸福就必须退守家庭。事业真的是女人家庭幸福的绊脚石吗？

玛丽·韦尔斯·劳伦斯是一位很有成就的实业家。她从哈佛大学毕业以后，成了韦尔斯·里奇·格林广告代理公司的董事长。她精通生意经，知道如何富有成效地工作。除了主管她那家生意兴隆的广告代理公司，劳伦斯还要当家庭主妇。她把这两方面肩负的责任都完成得很好。劳伦斯在与家人相处时，任何工作上的事情都能置之脑后，只是扮演家庭主妇的角色。劳伦斯在公司里是个出色的领导者，在家里则是个不折不扣的贤妻良母。

劳伦斯告诉我们，这个世界没有什么是不可能的，只要你愿意努力，只要你愿意付出。也许对女人而言，平衡事业与家庭会更难一些，但这并非意味着没有可能。无论你正在外面打拼，还是你已经功成名就，你都必须时刻把家庭放在心上，关心每一位家庭成员。因为，你不仅要做一个事业成功的人，你还要做一个有美满家庭的人。

要有自强不息的精神

《圣经》中说：从没有人发现智慧存在于什么地方，或有人曾经进入过智慧的宝库。你想要得到智慧，就得用你的身躯去接受命运的考验。

人的一生中，遇到挫折是十分正常的。

苦难是人生的一大财富，不幸和挫折可能使人沉沦，也可能铸造人的坚强品质，成就一个充实的人生。苦难是人生的一位良师，它能教给人学会用感激的心情、积极的态度对待一切问题，养成坚强的意志，勇敢地参与社会竞争。

一个人只有具备了自强不息的精神，他才能克服前进道路上的种种困难，并最终达到成功。

今天的孩子生活在一个物质丰富的年代，优越的生活条件已经使他们不知道什么是贫穷与艰难。过分溺爱自己的孩子是今天不少父母的通病，也是今天的父母所面临的一个真正让他们感到无所适从的问题。

在许多国家，吃苦是孩子的必修课之一，尤其是在发达国家的家庭中，家长普遍重视从小培养孩子的自理能力和吃苦精神。因为发达的市场经济要求每一个社会成员必须具备这种能力和精神，只有具备了这种能力并拥有这种精神才能出人头地。

而在今天不少的犹太家庭中，为了锻炼孩子，每逢冬天，幼儿都要赤身裸体地在冰雪中滚爬跌打一定时间。天寒地冻，孩子冻得嘴唇发紫，浑身发抖，但父母们硬起心肠，绝不会提前抱起自己的孩子。他们明白，只有这样才能锻炼孩子的意志，使孩子身心健康地成长。

一些富有的犹太家庭，还鼓励孩子到车间去进行学工教育，并写出学工报告。在那里孩子们认识到诚实劳动、团结协作和坚强意志的真正价值。

在以色列有一所“鲸鱼学校”，这所学校就是让孩子们乘上帆船在一年之内横渡大西洋两次，游遍三个岛。这期间除了经受住大风大浪，还要忍饥挨饿。这所学校的孩子必须学会驾船、捕鱼、做饭，还要完成考察、读书、讨论等课程。同时他们还要与当地人打交道，熟悉当地风土人情。孩子们经过这样一番磨炼，大都可以成长为具有刚强意志的人。

第十一章

尊重知识和教育

知识是重于金钱的

犹太人热爱知识，因为在他们的眼里，知识是唯一的永远不能被夺走的财富。在这个世界上世俗的权威不重要，财富和金钱不重要，只有知识才是最重要的。权威没有了人们的拥戴和支持就不能形成，财富和金钱也会随着时间发生变化，而知识是人生存和发展的可靠保证。

只有具有丰富的阅历和广博的业务知识，才能在生意场上少走弯路，少犯错误，这是赚钱的根本保证，也是商人的基本素质。一个学识匮乏的人，不但不配做商人，也不能算是一个完整的人，而犹太人也乐意与学识渊博的人做生意。

犹太人认为，在成功之前，一个人要积蓄足够的力量。在这方面，托马斯·金曾受到加利福尼亚的一棵参天大树的启发："在它的身体里蕴藏着积蓄力量的精神，这使我久久不能平静。崇山峻岭赐予它丰富的养料，山丘为它提供了肥沃的土壤，云朵给它带来充足的雨水，而无数次的四季轮回在它巨大的根系周围积累了丰富的养分，所有这些都为它的成长提供了能量。"

即使在商业领域也如此。那些学识渊溥、经验丰富的人，比那些庸庸碌碌、不学无术的人，成功的机会更大。

有位商界杰出的犹太人这样说："我的所有职员都从最基层做起。对工作有益的，就是对自己有利的。任何人在开始工作时如果牢牢记住这句话，前途一定不可限量。"

有一句格言说："只因准备不足，导致失败。"这句话可以写在无数可怜失败者的墓志铭上。有些人虽然肯努力、肯牺牲，但由于在知识和经验上准备不足，做事太费周折，始终到达不了目的地，实现不了成功的梦想。

比如，在商店里只会按顾客的要求拿东西的人，虽然工作多年，却对商业一窍不通。他只是在挣钱糊口，不思考，不关心商品的特点和顾客的需求，如果他不被淘汰的话，只能当一辈子售货员。而那些精明强干、善于思考的人，却能在短时间内发现一个行业的秘密，时机一旦成熟，就能独当一面。

犹太青年汉姆在一个律师事务所任职三年，尽管没有获得晋升，但他在这三年中，把律师事务所的门道都摸清了，还拿到了一个业余法律进修学院的毕业证书。一切都为开办他自己的律师事务所奠定了基础。然而也有不少律师事务所的人，按从业时间来说，他们的资格够老的了，但他们仍然担任着平庸的职务，赚着低微的薪金。

两者相比较，前者立志坚定、注意观察、勤于思考、善于学习，并能利用业余时间深造，他必将获得成功；后者恰恰相反，不管他们是否满足于现状，他们这样庸庸碌碌地混日子，是永无出头之日的。

犹太人还有这样的规定：生活困苦之余，不得不变卖物品以度日的时候，你应该先卖金子、宝石、房子和土地，到了最后一刻，仍然不可以出售你的书籍。他们认为，世间的金银珠宝、房屋土地，都是可以变化、消逝的东西，而知识则是可以长久流传的财富。

犹太小孩最早期得到的关于书本的教育就是：书是甜的。

在每个犹太人家里，当小孩稍微懂事时，母亲就会翻开《圣经》，点一滴蜂蜜在上面，然后叫小孩子去吻《圣经》上的蜂蜜。这个仪式的用意就是告知孩子，书本是甜的。让孩子从小就养成与书接触的习惯。慢慢地，孩子们开始喜欢看书。小时候是因为蜂蜜，长大了则是从书的内容中体会到书是“甜”的。

在每个犹太人小的时候，他们的母亲就会经常地问他们：“假如有一天，你的房子被火烧了，你的财产也被抢光了，你会带着什么逃跑呢？”

如果孩子们回答“钱”或者“钻石”的话，他们的母亲就会进一步地问：“有一种东西比钻石更重要，它没有形状，没有颜色，没有气味，你们知道是什么东西吗？”

如果孩子回答不上来，母亲就会说：“孩子，你们带走的东西，不应该是钱，不应该是钻石，而应该是知识。因为知识是任何人也抢不走的，只要你还活着，知识就永远跟着你。”

父母就是这样告诉他们的孩子：知识是一切财富的来源，是唯一可以永久打开财富之门的金钥匙。犹太人的历史，也一再验证了知识的价值。与其把那些有限的财富交给孩子，不如把可以永远打开财富之门的金钥匙——知识——给他。

为了学习而去学习

犹太人并不是天生就会做生意，完全是后天学习使其如此。他们非常鼓励人们去学习，这就使几乎是全部的犹太人都酷爱学习、尊重知识，每个人都成为学识渊博的智者。有智慧的人去学习做生意，自然就不同凡响了。

在犹太教中，勤奋好学不只是仅次于敬神的一种美德，而且也是敬神本身的一个组成部分。世界上任何一个宗教，对神都非常虔诚，但把学习和研究提到这样高度的，除了犹太人绝无仅有。《塔木德》中写道：“无论谁为钻研《托拉》而钻研《托拉》（《托拉》是《西伯来圣经》中的一部分，是产生《塔木德》典籍的重要基础），均值得受到种种褒奖；不仅如此，而且整个世界都受惠于他；他被称为一个朋友，一个可爱的人，一个爱神的人；他将变得温顺谦恭，他将变得公正、虔诚正直、富有信仰；他将能远离罪恶、接近美德；通过他，世界享有了聪慧、忠告、智性和力量。”学习之为善，在于其本身，它是一切美德的本源。

12世纪的犹太哲学家、犹太人的“亚里士多德”——精通医学、数学的迈蒙尼德，则明确把学习规定为一种义务：“每个以色列人，不管年轻年迈、强健羸弱，都必须钻研《托拉》，甚至一个靠施舍度日和不得不沿街乞讨的乞丐，一个要养家糊口的人，也必须挤出一段时间日夜钻研。”由此形成了一种几乎全民学习的犹太民族传统。尽管并非人人都有“研习”的能力，但确实人人都把各种程度的“研习”视作当然之事。不过，早期的学习主要以神学研究为取向，涉及面十分狭窄，像迈蒙尼德这样的博学，可说是一个例外。因为拉比们唯恐犹太神学之外的知识会使犹太青年迷失方向，因此，在现代以前的相当长的时期内，在随着犹太移民的足迹先后建立的学术中心里，除了犹太教经典，尤其是《塔木德》之外，他们对世界上的其他知识是不予注意的。而且到18世纪末，犹太教中还出现过一个反对经院哲学和学者主宰犹太事务的哈西德运动。其倡导者一度主张，一个人只要依靠虔诚和祈祷就能升入天国，善的功业比伟大的知识更为重要。可喜的是，为学习而学习的传统并未中断，哈西德派的大师们自己也很快“迷途知返”了。他们不再坚持虔诚比钻研更能达到较高境界，而是传布一种虔诚与知识互为依赖的信仰。这意味着即使一个人的本性并不虔诚，也能依靠自己的知识而变得虔诚；而本来虔诚的人则更会为其虔诚所驱使而致力于学术研究。这样一种为学习而学习的传统，对长期流散的犹太人，尤其是青年人来说，在调节其心理、保持其民族认同方面起着巨大作用。即使从现代的立场上看，作为一种卓有成效的培养、激发人们学习积极性的价值观念来说，也深深浸透着犹太人的独特智慧。

为学习而学习，学习过程就是目的本身，知识的获得就是目的的实现，有了这样的观念和心态，才可能孜孜不倦地、无怨无悔地勤学不辍，而不至于动不动就掀起“读书无用”的观点。

犹太人在世界总人口中仅占 0.3%，但在诺贝尔奖获得者中却占了 15%，这一不成比例的比例，正是对这种价值、这种精神的重大价值的证明。

当然，这样一种以自身为目的的活动，倘若恰恰是一项总体上无助于人类发展、纯粹虚耗生命的活动的话（这种现象在其他民族中不是没有），那么，显而易见，这种目的价值越多，一个民族的实际生存能力只会越弱。如此一味追求奢侈而不讲究实效，很快便会被历史所淘汰。不过，这不是犹太人的命运。在学习的效果方面，犹太民族同样显示出了自己的聪明与智慧。

人类文明的发达无非靠两样东西的积累，一是物质形态的成果积累，二是观念形态的成果积累。在这两种积累及其结合的基础上，人类社会不断地加速发展着。在第一种积累上，犹太人历来是大有贡献的，只是历史处境常常使他们的积累连同他们本人一起化为乌有。在第二种积累上，犹太人甚至可以说更有贡献。仅仅一本《圣经》对人类历史的影响，已经足以证明。犹太人的学问，在人类认识自身、开拓自身、约束自身方面都有累累成果。

《塔木德》学者在研习《托拉》的过程中，不断地将协调人际关系的规范加以合理化、精细化、操作化，在扎紧民族樊篱的同时，为人类社会的自我完善留下了影响深远的丰富内容。更何况，使得《塔木德》学者视野狭窄的那种宗教定向，却以“为学习而学习”的传统，在科学文化蓬勃兴起、世俗教育迅速普及的当代，为犹太人提供了一种现成的价值取向和心理基础。神圣的宗教职责极为快捷地就具有了世俗的形式，犹太人大批走进了世俗学校：医学院、法学院、商学院、理工学院。犹太民族在为人类奉献出与其人数不成比例的一流思想家、理论家、科学家、艺术家的同时，也为自己的繁荣昌盛而培育出同其他民族相比更不成比例的教授、医生、律师、经理和其他专业人员。

以学习为职责的犹太人在履行职责的同时，得到的是其他许多民族在还梦寐以求的兴旺发达：据 1998 年统计数据，以色列的文盲率仅为 5%，450 万以色列人中有 1/3 是学生，14 岁以上的公民平均受教育程度为 11.4 年，差不多每 4500 人中就有一名教授或副教授，还有犹太人在诺贝尔奖获得者中比例奇高。所有这一切成就，只能出现在一个勤奋好学、视“学习是一种义务”的民族之中。

必须要尊敬教师

在犹太历史上，“教师”一词的确切内涵并非一成不变的。在早期的犹太社会中，教育尚处在以神学教育为主要内容、以家庭教育为主要形式的初级阶段。那时，社会上并不存在专职的教师职业，教育子女的任务主要是由父亲和拉比分别完成的。在家庭内，父亲承担着教育子女的重任，他把“智慧之言”及为人处世之道传授给自己的子女，因此，父亲就是教师，教师就是父亲。在希伯来语中，“父亲”一词本身就具有“教师”的含义。如今在西方语言中以“Father”（父亲）来称呼教父，正是希伯来习俗的延续。

在犹太传统中，教师享有极高的地位。在犹太人看来，教师是一种神圣的职业，因此，“每一个人要像尊重上帝那样尊重教师”。犹太经典《密西拿》中，把有学问的教师叫作“塔尔米德哈卡姆”，

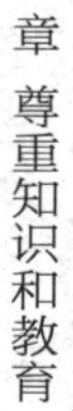

意为“圣贤的门徒”。犹太人对那些获得“塔尔米德哈卡姆”身份的人极为尊重，并明文规定：凡是侮辱了“塔尔米德哈卡姆”的人，都必须罚以重金，情节严重者还有可能被逐出犹太区。能与“塔尔米德哈卡姆”的女儿结婚，被看作是一种高尚而且值得炫耀的行为。

在犹太人中曾长期流传着这样一则故事：

有一个孩子，出生于贫困家庭，父亲含辛茹苦地把他拉扯大。一次，出海的时候，父亲和教师同时落入水中，而这时的条件只允许他救一个人，这位孩子的选择是先救出教师，再救出父亲。

《塔木德》中也记载着这样一个故事：

两位检察员受拉比之命来到一个镇上，要求拜见镇上的守卫之人。镇上的警察局局长闻讯后急忙出来迎接，检察员却说：“我们要见的是守卫这个市镇的人，不是你。”这时，守备局局长又跑出来迎接，检察员仍然摇头。他们说道：“我们想见的既不是警察局局长，也不是守备局局长，而是学校的教师。警官和部队都会破坏市镇，教师才是市镇的真正守护者。”

可见，在犹太人的眼中，教师是民族利益的守护者，教师的事业关系到整个民族的未来。

在犹太人的族群中，比较特殊的教师是拉比，犹太教中把精通经典律法的学者称为拉比，负责执行教规、律法并主持宗教仪式。拉比是至高无上的圣者，是上帝的代表和使者。

在犹太社会中，拉比身兼数职，传道、教学、咨询、评判等都是他们的职责，是享有崇高地位的精神领袖。

在罗马人统治犹太人时期，为了毁灭犹太民族，他们想尽了各种办法，例如封锁学校、禁止做礼拜、焚烧书籍、禁止犹太人的各项庆典、禁止培育拉比等。

罗马统治者发出布告，如果有人参加拉比的任命仪式，不管是任命的一方还是被任命的一方，都将被判处死刑。举行这种仪式的城市村庄也将遭到毁灭。

这是罗马统治者采取的各种压迫手段中最极端、最残忍的一种，这种手段在一段时间内确实起到了恐吓的作用，但犹太人并没有就此屈服。对犹太人而言，没有拉比，就等于社会宣告瓦解。拉比是犹太民族的领导者，代表犹太人社会中的一切权威。如果没有了精神领袖，犹太民族必会陷入诚惶诚恐的慌乱中。

有位德高望重的拉比看破了罗马统治者的险恶阴谋，于是率领他最可靠的 5 个弟子溜出城市，来到荒无人烟的两座大山之间。因为在这样的地方，可以避开罗马人的视线，万一被罗马人捉住也只有自己受到刑罚，不会导致整座城市被毁。

在这个距离城镇很远的地方，这位杰出的拉比任命了他的 5 个弟子为新拉比。

但是，他们的活动还是被罗马人知道了，于是派军队来抓他们。老拉比说："我活了这么大的年纪，死而无憾。你们必须尽快逃走，因为有好多事业等着你们去继承并发扬光大！"

5 位新拉比听从老拉比的话，都安全地逃走了，最后只有年迈的老拉比被罗马人抓住了，恼怒的罗马人把老拉比处死了。老拉比死了，但是 5 个年轻的新拉比继承了他的事业。老拉比虽死，但是犹太人的精神生活却复活了。

犹太人的杰出，就是因为拥有了智慧的拉比们。犹太精神不灭，与拉比们的功劳分不开。犹太人的心灵不死，是拉比精神指引的结果。犹太教最后成为世界性的宗教，正是犹太拉比用上帝之言广为传播的结果。

犹太拉比们用自己的智慧启迪着伟大的犹太民族。在拯救宗教、发展宗教的同时，形成了犹太民族特有的生存智慧。

这使犹太人形成了这样的民族：知识是最伟大的，在它的面前，世俗的一切统治都要让位。尊重知识，追求真理，尊敬教师，尊重拉比。

把教育放在优先地位

“没有教育，就没有未来”，这是以色列开国元勋本古里安的名言。犹太人对教育的重视不是只停留在口头上，更不是仅仅为了粉饰舆论，而是实实在在地投入，千方百计地为教育创造条件。《塔木德》指出：如果学习是最高的善，那么，创造有利于学习的机会与条件便是仅次于学习的善。因此，许多犹太社团都把教育投资视作一种责无旁贷的责任与义务。

在中世纪，遍及欧美的犹太社团都极为重视教育与学术研究。为了让孩子成为有知识的人，犹太人对教育怀着极高的热忱。

以色列建国后，为了振兴教育事业，很多以色列国家领导人从领导岗位退下来之后，又全身心投入到教育事业当中来。如前总统纳冯教授在卸职以后，又勤勤恳恳地当上了教育部长，而且还全身心投入其中。这在其他国家是极为罕见的，但在以色列却是很平常的事，其原因就在于他们真正认识到了“教育是社会发展的先决条件之一”。

1978 年，著名科学家卡齐尔在卸任总统职务后，便到魏茨曼科学研究院和特拉维夫大学从事学术研究，并且常常给学生们上课，三尺讲台成了他工作中的一部分。

尽管以色列历任政府施政纲领不同，但在教育问题上的政策却始终如一。他们都“视教育为以色列社会的一种重要财富，它是开创未来的关键”。他们教育的目标，是把一个人造就成对国家、对民族富有责任感的成员。

在犹太人中间早已达成一种共识：赚钱营利并非最终目的，而是要用赚来的钱购买“知识与经验”。

直至今天，犹太人捐款的第一投向仍是学校建设。在以色列的一些大学里，奖学金、研究基金都由外国犹太商人提供。希伯来大学、特拉维夫大学、以色列理工学院这三所最有名的大学中，至少有一半董事是外国人，尤其是美国犹太人。20 世纪 70 年代中期以来，以色列教育经费在国民经济中的比重一直很高，甚至超过了许多发达国家。能做到这一点，对于资源贫乏、军费高昂的以色列来说，确实极为不易。

一个尊师重教的民族，必然是文化素质很高的民族。犹太民族有尊师重教的优良传统，它使犹太人成为世界上公认的文化水准很高的群体，并为人类社会的进步做出了令人瞩目的贡献。

早在以色列建国前，犹太复国主义就把教育作为复国的重要手段，当时的一个提法就是“文化犹太复国主义”，因此建国前就出现了两所大学和若干中小学校。之后，以色列历届政府将教育立国和科技立国作为国家兴旺的根本。梅厄夫人说：“对教育的投资是有远见的投资。”夏扎尔也曾说过：“教育是创造以色列新民族的希望所在。”曾担任总统、退休后去当教育部长的纳冯更直截了当

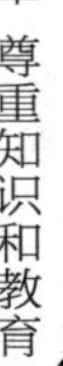

地说："教育上的投资就是经济上的投资。"

1948年，以色列刚刚建国。以色列的首任教育部长盖尔，叫来了他的秘书艾德勒。

"艾德勒，我们一起来草拟教育法，必须强迫3岁到15岁的孩子们，让他们接受免费教育。"

"免费！"艾德勒惊愕不已，要知道，立国之初的以色列尚处在战火之中，战争的经费都是美国人提供的，而当时整个教育部只有盖尔和艾德勒两个人，唯一的财产是一台破打字机。

"是的！免费！"盖尔坚定地回答，"我们处在敌人的包围之中，背靠地中海，四面是埃及、叙利亚、约旦、黎巴嫩，这些阿拉伯人无时不在想把我们赶到地中海去。我们必须培训高素质的人，只有这样才能对付几十倍于我们的敌人。"

盖尔激动地说："我们要建立一个历史博物馆。让孩子们知道3000年前圣殿被罗马人毁掉的悲剧，让他们知道在第二次世界大战中犹太人被屠杀的事实，知道那些毒气室、骷髅、鲜血和希特勒。还要让他们明白这里是全世界唯一我们可以自卫的地方，这块土地是我们的，我们没有别的地方可以去！"

当第一次中东战争结束后，盖尔和艾德勒用那台破打字机打出了以色列的义务教育法。

第二年，这部法律在以色列议会全票通过。

以色列历届领导人，一直把培养高质量的人才看作是一个关系到民族生存与否的根本问题。教育立国、科技立国是以色列从成立之初就追求的目标。他们认为，如果不培养高质量的人才，建立一个模范的社会，则以色列在国际上得不到尊重，也无法吸引众多的犹太人来定居。这样，以色列就无法生存下去。

以色列建国后，始终把教育放在优先地位。

1953年颁布了《国家教育法》，1969年颁布了《学校审查法》等。这一系列法律的制定，确立了教育的地位，形成了以色列特色的教育制度。

以色列是个移民国家，来自四面八方的移民把世界各地的文化带到以色列。其中既有东方文化又有西方文化，既有传统农业文化也有现代工业文化。以色列教育的目的之一就是填平这些不同文化的鸿沟与差距。为此《国家教育法》中明确规定："以色列的教育目的，一方面是让学生学习知识和技能，以适应国家发展的要求；另一方面是促进来自世界各地的犹太人之间的融合，清除他们之间的文化差别，以形成一种新的犹太国民文化。"

犹太人重视教育这一优良传统在以色列的发扬光大，造就了大批高质量的杰出人才。除了依靠发展自己的民族教育，浓厚的学术氛围也给以色列送来了大量优秀的人才。来到这个国家的移民中，有不少是欧洲、美洲、亚洲地区一流的科技文化人才。他们的到来，使以色列的科学和教育从一开始就建立在很高的起点之上。正是因为有了较高的教育投资，以色列的教育才有了迅速发展的坚实基础。

高昂的教育投资，使以色列的教育结出了累累果实。

在以色列人中有1/3是学生，也就是说，每3个人中就有1个学生。

以色列的大学是公认的世界一流大学。凡是到过以色列的人都必去"游览"以色列的大学。凡是到过这些大学的人无不为校园之优美、建筑之宏伟、设备之先进和藏书之丰富而赞叹不已。以色列大学的许多研究成果，被国际学术界承认为权威性项目。

以色列人会自豪地说："我国资源缺乏，有的只是阳光、沙漠和大脑。”

发达的教育和优良的人才素质，终于使“弹丸之国”以色列，成为一股不可忽视的政治力量和国际力量。

对于任何一个时代来说，教育都是通向成功的途径。在今天的社会中，受教育程度和收入水平之间更是存在着直接关联。据统计，一个高中毕业生一生大约要比一个初中毕业生多赚 10 万美元。一个大学毕业生要比一个高中毕业生多赚 25 万美元。一位分析家这样说道：“犹太人家庭是学问受到高度评价的地方，在这方面，非犹太人的家庭则相形见绌。就是这个因素，构成了其他一切差异的基础。”

第十二章

不要忽视团队的力量

团结互助力量大

在犹太传说中有一个关于“折箭”的故事：

很久以前，希腊国的国王有三个儿子。这三个小伙子个个都很有本领，难分上下。可是他们自恃本领高强，都不把别人放在眼里，认为只有自己最有才能。平时三个儿子常常明争暗斗，见面就互相讥讽，在背后也总爱说对方的坏话。

国王见到儿子们如此互不相容，很是担心，他明白敌人很容易利用这种不合的局面来乘机击破，那样一来国家的安危就悬于一线了。国王一天天衰老，他明白自己在位的日子不会很久了。可是自己死后，儿子们怎么办呢？究竟用什么办法才能让他们懂得要团结起来呢？

一天，久病在床的国王预感到死神就要降临了，他终于有了主意。他把儿子们召集到病榻跟前，吩咐他们说：“你们每个人都把箭囊里的箭取出来，放到地上。”儿子们不知何故，但还是照办了。国王又对大儿子说：“你随便拾一支箭折断它。”大王子捡起身边的一支箭，稍一用力箭就断了。国王又说：“现在你把剩下的箭全都拾起来，把它们捆在一起，再试着折断。”大王子抓住箭捆，折腾得满头大汗，始终也没能将箭捆折断。

这时国王语重心长地说道：“你们都看明白了，一支箭，轻轻一折就断了，可是多支箭合在一起的时候，就怎么也折不断。你们兄弟也是如此，如果互相斗气，单独行动，很容易遭到失败，只有三个人联合起来，齐心协力，才会产生无比巨大的力量，战胜一切，保障国家的安全。这就是团结的力量啊！”

儿子们终于领悟了父亲的良苦用心，国王见儿子们真的懂了，欣慰地点了下头，闭上眼睛安然去世了。

这个故事告诉我们：团结就是力量。如果将组织看作一个完整的人体，团队便是构成人体的各类系统，消化系统、循环系统等，个人则是组织或团队的最基本的细胞。否定个体，整体就不复存在；否定整体，个体便无意义。

《塔木德》里说：提供帮助是“富人的责任”，获得帮助是“穷人的权利”。

犹太人对自己身边的人非常关注，团结互助的观念已深深地根植于犹太人心中。在艰难困苦的岁月中，犹太人每次筹集向国王交纳的税款时，富人往往主动地替穷人把税款交上，接济贫穷在犹太人中蔚然成风。他们认为提供帮助是“富人的责任”，获得帮助是“穷人的权利”。哪怕是家无三餐的穷苦犹太人，也都保存着一个存钱的小盒子，准备施舍给比他们更穷的人家。

上帝为什么只造了一个亚当呢？这种问题流传了许多年，也有了太多的解释，但只有犹太民族的解释最为独特。犹太典籍《塔木德》是这样解释的：“神在开始时，为什么只创造一个人呢？因为当初只造出一个人，那么溯源而上，每个人都会发觉大家都是来自同一个祖先。所以，也就不会有这一个人不同于另一个人的说法了，因为大家都是从同一个亚当那里繁衍下来的。”

既然是一个祖先，就都不是外人，理当团结互助，这就是犹太人的团结意识。有了这种团结意识，他们遇事从不会感到孤单，很自然地结合在一起，因为他们相信凝聚的力量。

注重和发挥团队精神

在古希腊时期的塞浦路斯，曾经有一座城堡里关着七个小矮人。

传说他们是因为受到了可怕咒语的诅咒，而被关到这个与世隔绝的地方。他们找不到任何人可以求助，没有粮食，没有水，七个小矮人越来越绝望。

突然有一天，小矮人阿基米德收到守护神雅典娜托的梦。雅典娜告诉他，在这个城堡里，除了他们待的那间阴湿的储藏室以外，其他的25个房间里，有1个房间里有一些蜂蜜和水，够他们维持一段时间；而在另外的24个房间里有石头，其中有240块玫瑰红的灵石，收集到这240块灵石，并把它们排成一个圈的形状，可怕的咒语就会解除，他们就能逃离厄运，重归自己的家园。

第二天，阿基米德迫不及待地把这个梦告诉了其他的六个伙伴，其他四个人都不愿意相信，只有爱丽丝和苏格拉底愿意和他一起去努力。开始的几天里，爱丽丝想先去找些木柴生火，这样既能取暖，又能让房间里有些光线；苏格拉底想先去找那个有食物的房间；而阿基米德想快点把240块灵石找齐，好快点让咒语解除；三个人无法统一意见，于是决定各找各的，但几天下来，三个人都没有成果，倒是耗得筋疲力尽了，更让其他的四个人取笑不已。

但是三个人没有放弃，失败让他们意识到应该团结起来。他们决定，先找火种，再找吃的，最后大家一起找灵石。这是个灵验的方法，三个人很快在左边第二个房间里找到了大量的蜂蜜和水。

显而易见，一个共同而明确的目标，对于任何团队来说都非常重要。

在经过了几天的饥饿之后，他们狼吞虎咽了一番；然后带了许多分给特洛伊、安吉拉、亚里士多德和梅丽沙。温饱的希望改变了其他四个人的想法，他们后悔自己开始时的愚蠢，并主动要求和阿基米德他们一同寻找灵石，解除那可恨的咒语。

小矮人们从这件事中，发现了一个让他们终身受益的道理：知识不过是一种工具，只有通过人与人之间沟通、互补，才能发挥它的全部能量。

为了提高效率，阿基米德决定把七个人兵分两路：原来三个人，继续从左边找，而特洛伊等四人则从右边找。但问题很快就出来了，由于前三天一直都坐在原地，特洛伊等四人根本没有任何的方向感，城堡对于他们来说像个迷宫，他们几乎就是在原地打转。阿基米德果断地重新分配，爱丽丝和苏格拉底各带一人，用自己的诀窍和经验指导他们慢慢地熟悉城堡。

喜爱思考的阿基米德又明白了：经验也是一种生产力，通过在团体中的共享，可以产生意想不到的效果。

当然，事情并不如想象中那么顺利，先是苏格拉底和特洛伊那组，他们总是嫌其他两个组太慢；后来，当过花农的梅丽莎发现，大家找来的石头里大部分都不是玫瑰红的；最后由于地形不熟，大家经常日复一日地在同一个房间里找灵石。大家的信心又开始慢慢丧失。小矮人们都没有注意到一个问题：阻力来自于不信任和非正常干扰。

阿基米德非常着急。这天傍晚，他把所有人都召集在一起，商量办法。可是，交流会刚开始，就变成了相互指责的批判会。

性子急的苏格拉底先开口：“你们怎么回事，一天只能找到两三个有石头的房间？”

“那么多房间，门上又没有写哪个是有石头的，哪个是没有的，当然会找很长时间了！”爱丽丝答道。

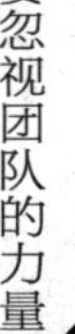

“难道你们没有注意到，门锁是上孔的都是没有的，门锁是十字型的都是有石头的吗？”苏格拉底反问道。

“干吗不早说呢？害得我们做了那么多无用功。”其他人听到这儿，似乎有点生气……

经过交流，大家才发现，原来他们有些人可能很快找准房间，但可能在房间里找到的石头都是错的；而那些找得非常准的人，往往又速度太慢。其实，这个道理非常简单：具有专业素质的人才很关键。

于是，在爱丽丝的提议下，大家决定每天开一次会，交流经验和窍门，然后，把很有用的那些都抄在能照到亮光的墙上，提醒大家，省得再去走弯路。这面墙上的第一条经验就是：将我们宝贵的经验与更多的伙伴们分享，我们才有可能最快地走出困境。

在七个人的通力协作下，他们终于找齐了所有的240块灵石。小矮人们胜利了，他们通力合作，终于解除了咒语。

上面的故事告诉我们，只有把各自的力量凝聚起来，发挥团队精神，才更容易取得胜利。

团结合作以图发展

犹太人重视人与人的联系，建立了诚信度很高的商业网。如果有哪个朋友在某个领域非常活跃，大家都会积极地给他提供帮助。一个家族靠团结在一起赚钱，用赚到的钱去支持有才能的人，将他培养成自己的领袖。

有一个犹太教师给他的学生出了一道智力测试题。他将六个乒乓球放进一个罐头瓶里，每个球用细绳系着，要求在最短的时间里，取出瓶里所有的球。几个小组的同学，每个人都想第一个取出瓶里的球，结果球都堵在了瓶口，一个也出不去。只有一个小组成功做到了，他们采用的办法是六个人形成一种配合，让球依次从瓶口出来。这道测试题考的就是团队有无相互协作精神，就是我们常说的团队精神。这位犹太教师想通过这道题，让学生认识到团结协作精神的重要性。

犹太人也许是世界上最富于集体精神和团结合作精神的民族。《塔木德》是犹太民族伟大的巨著，对世界具有深远影响。它由很多人共同完成，凝聚着集体智慧的结晶。犹太人的合作往往是很多人结合在一起的大合作，这就使人不得不对这种集体精神大加推崇。而犹太人超凡智慧的原因之一，恐怕与此不无关系。

也许是有相同命运的缘故吧，许多犹太人往往局限于一个很小的朋友圈子中或犹太同胞中。虽然这种圈子有时受到局限，但仍使许多著名的犹太人彼此颇为熟识，成为学术上的知已或对手，促进相互间的竞争与交流，同时促进了共同发展。这或许是犹太民族不断出现人才的一个重要原因吧。

马克思、卢森堡、拉萨尔、伯恩斯坦都具有犹太血统，他们之间保持着长久的合作与斗争，促进了国际共产主义运动的发展。

西拉德、爱因斯坦、奥本海默、特勒也曾是要好的朋友，正是这四个人的共同努力，才制造出了世界上的原子弹和氢弹。此外，弗兰克、爱因斯坦、尼尔斯·玻尔、赫兹一度是最好的朋友和论敌，他们取得的杰出成就推动了整个人类科学的进步。

被誉为“符号学大师”的卡西尔，是西方学术界的哲学泰斗，

其成功和他的老师——犹太哲学家柯亨——的影响是分不开的。

著名犹太文学大师茨威格是弗洛伊德很要好的朋友，在他的作品中可以看出弗洛伊德的影子来。

在经济界，犹太大亨的这种倾向就更明显了，他们的生意伙伴一般都在犹太人中间选择。萨尔诺夫、凯瑟琳·格雷厄姆、迈耶、威廉·佩利等曾是最要好的朋友和生意对手，相互在竞争和友谊中发财。

美国好莱坞的巨头高德温、梅耶、派拉蒙公司等五大电影公司，垄断了整个美国好莱坞，它们都是犹太人开的公司。

由此我们可以看出，犹太民族是一个善于合作的民族，他们善于用团结合作来发展自己的事业，这也许正是他们虽历经艰难却永不消失的原因吧！

学会借用他人的力量

任何年轻人都应该学会待人接物、结交朋友的方法，以便互相提携、互相促进、互相借重，否则，单枪匹马绝对难以发展到成功的地步。

一个人在成才的道路上，往往要得到许多人的指导和帮助，而同合作者的交往、配合和协作，往往又是获得具体帮助，促进人才成长的有效途径。

大部分犹太人都有一种特长，就是善于观察别人，并能够吸引一批才识过人的良朋好友来合作，激发共同的力量。这是成功的犹太人最重要的也是最宝贵的经验。

马克思同恩格斯并肩战斗四十年，是人才合作的崇高典范。恩格斯的突出长处是眼光十分敏锐，行动十分迅速，总是能击中要害，所以，马克思在做出任何政治决定以前，总要先同恩格斯商量。马克思给恩格斯的信上写道："你知道，首先，我对一切事物的理解是迟缓的；其次，我总是踏着你的脚印走。"而马克思在理论方面明显地超过他的朋友。恩格斯总是承认马克思的天赋高于自己，并且一直认为在他们合作的事业中，他是第二提琴手。他俩的优点和才华就是这样得到了互相补充。

要合作，你就要付出。坦然面对付出，你会获得更大的收获。

由于马克思的鼎鼎大名引起了反动势力的畏惧和仇恨，马克思进行活动的头十年，生活一直十分穷困。有一次，他由于没有合适的衣服和鞋子不得不躲在家里；另一次，他竟连买纸或买报的几个便士都没有了。而恩格斯为了在经济上帮助他，几次放弃适合自己的工作，到他父亲的公司里干那"该死的商务"，忍受他所憎恶的桎梏。恩格斯这种默默无闻的牺牲，越往后越是大得惊人：他放弃了巨大的学术建树，中断了他所爱好和下过许多功夫的自然科学研究。有人说恩格斯的命运是悲剧性的，但是，恩格斯总是认为，同马克思并肩战斗，合作四十年，这是他一生最大的收获。马克思在《资本论》第一卷付印时，写信给恩格斯说："这件事之所以成为可能，我只有归功于你！没有你对我的牺牲精神，我绝对不能完成那三卷巨著。"人们鉴于这一事实，比较容易明白：没有恩格斯的自我牺牲，就没有《资本论》的问世。但人们往往认识不到，若没有恩格斯的合作，没有同恩格斯的密切交往，也就没有无产阶级最伟大的导师马克思。

中国早期著名翻译家林纾，若不是同别人合作，肯定任何翻译也搞不了，因为他根本不懂外文！他的优势是古文造诣很深，人们称其“有一支生花之笔”，他搞翻译是先请懂外文的朋友把原著逐字逐句翻译出来，然后，他再加以整理。由于他的译文妙语连珠，风格独特，所以时至今日，他翻译的小说仍在继续出版。他这位著名翻译家若没有别人的合作，怎么会成为翻译人才呢？

借助别人的力量帮助自己成功，这其实也是一种合作。既然合作对于一些伟大人物都那么重要，更何况我们这些只是向往成功的芸芸众生呢。

精诚合作，是一些成功人士的座右铭。当你付出了，你就会有收获。即使今天没有，总有一天会有的。你帮助了别人，别人在你最需要的时候，也会不遗余力地来帮助你、支持你。

第十三章 孩子就是未来

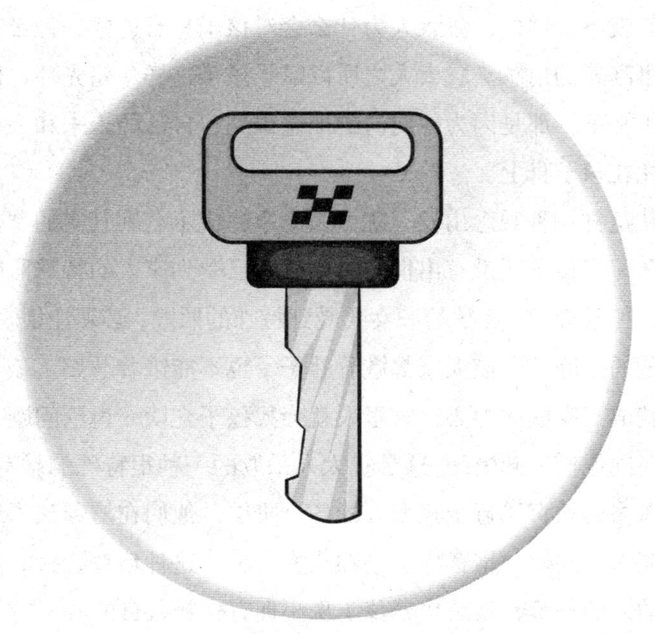

孩子是希望所在

犹太人有一句极为睿智的格言：人类有三个朋友——小孩、财富、善行。孩子排在财富和善行之前，可见孩子在犹太人的观念中所占的地位。

犹太人是以“文化”立“族”的，对于他们来说，善行及其背后的价值与信仰，是民族最高意义的存在，没有这些，就不会有犹太民族。但是，这种精神存在必须与民族的肉体同时存在，才能使它成为每一历史时期的现实存在而不沦为历史遗迹。而财富不仅代表着维系犹太民族肉体存在和精神存在的必要条件，还是犹太民族的肉体存在借以证明其精神存在之不朽的根本证据。所以，最终说来，犹太民族的这三种存在是在孩子身上实现“三位一体”的。由此我们就不难明白，犹太人为什么会对孩子具有这样一种带有神圣感、崇高感的情感。犹太人之所以赋予孩子这样一轮光环，使孩子几近于神圣，那是因为他们清醒地意识到，自己的未来和一切希望都寄托在孩子身上。

从这样一种观念出发，犹太人的家庭成了名副其实的“孩子的王国”。当孩子还没有出世的时候，就已受到家人的特殊照顾。犹太人有一条规矩，怀孕的妇女会受到特殊的照顾，必须让她吃得好。在穷苦的家庭，即使大家都饿着肚子，也不能饿着孕妇。孩子出生后，就成了家庭的中心。家里人就会找孩子交谈，讨论问题，有时甚至还同他们一起嬉闹，这是犹太人采取的一种很特殊的教育方式。这种风格的教育风行于犹太人的各个阶层，他们在培养孩子思考和论说能力的同时，培育出了一颗犹太心灵。这种培育犹太心灵过程中最动人的一幕，就是培养孩子从小拥有一颗善良的心。

犹太人家庭在安息日前夕，孩子的母亲一定会把蜡烛点上，父亲则把手放在孩子们的头上念诵祝福词。犹太人家里都设有捐款的小箱子，在把蜡烛点燃以前，父母会引导孩子往小箱内投硬币，作为捐献。到安息日的下午，富人家的父母不会把钱直接交给穷人，而是让孩子把小箱子里的钱拿出来送给穷人。

犹太人认为，这些做法可以培养孩子的慈善之心，让孩子知道去爱人。

爱书并爱读书

犹太人是当今时代全世界公认的最聪明、最富有智慧的人。有人不禁想问：犹太人为什么这么聪明呢？其实，犹太人的聪明和他们的读书是有一定关系的。犹太人从来不焚书，即便是一本攻击自己的书。

不错，每个人的大脑是永远属于自己的。而犹太人让孩子们的大脑充满智慧的办法就是读书，并且让读书成为孩子每天的生活！

古时候，犹太人的墓园里常常放有书本，因为“在夜深人静时，死者会出来看书的”。当然，这种做法有一些象征的意义，即生命有结束的时候，求知却永无止境。犹太人家庭还有一个世代相传的传统——书橱要放在床头；要是放在床尾，就会被认为是对书的不敬而被阻止。

书，可以说是浓缩了的人生，孩子们可以在安徒生、格林创造的童话世界里，认识坏心的巫婆、狡猾的狐狸、可怜的灰姑娘、白雪公主和七个小矮人……使孩子从中知道人性的善与恶、是与非，也可以和雨果一起探讨《悲惨世界》的命题，和夏洛蒂·勃朗特交流《简·爱》坚持个性的独立，更可以读读意大利亚米契斯的《爱的教育》、中国曹文轩的《草房子》、法布尔的《昆虫记》、斯蒂芬·霍金的《时间简史》等书，可以让孩子变得智慧且富有灵性。正是书籍，把辽阔的空间和漫长的时间浇灌给我们，把一切高贵生命早已飘散的信号传递给我们，把无数的智慧和美好对比着愚昧和丑陋一起呈现给我们。就这样，让孩子在书的世界里流连，在书的世界里陶醉，在书的世界里静听自己成长的拔节声。

当然，读书之人生活并不一定富裕，不过他可能是精神富翁，因为精神上的愉悦往往要比物质来得重要。读书，可以净化孩子们的灵魂，是升华孩子人格的一个非常重要的途径。对于孩子的成长而言，主要任务就是读书。凡是读书多的孩子，一般来说，其视野必然开阔，其精神必然充实，其志向必然高远，其追求必然执着。可以说，一个人的精神发展史，就是这个人的读书史。

犹太人爱书的传统由来已久，深入人心。联合国教科文组织2005年的一次调查表明，在以犹太人为主要人口的以色列，14岁以上的以色列人平均每月读一本书；全国的公共图书馆和大学图书馆有1000多所，平均4500人就有一所图书馆。在有450万人口的以色列，办有借书证的就有100万人。在人均拥有图书和出版社及每年人均读书的比例上，以色列超过了世界上任何一个国家，为世界之最。

或许如此，犹太民族才培育出了马克思、爱因斯坦、弗洛伊德、柴门霍夫和门德尔松等许多杰出的科学家、思想家和艺术家，并在历届诺贝尔奖获得者中占有惊人的比例。犹太人以自己的聪明才智，在一半是沙漠的狭窄国土上，神速地建起了中东非产油国家中工业化程度最高和最富裕的国家，创造出令世人瞩目的经济奇迹。

作为父母，应该怎样激起孩子的读书欲望呢？

给孩子们看的书篇幅不要过长，几页就可以了，因为孩子的注意力只能集中一小段时间。另外，这些书应有较大的插图，细节少。孩子们比较喜欢那些有插图没文字的图书。

要确保书里的文字容易理解。一本书字印得很大，看起来也会简单，但是却有可能包含一些难字，所以事先要把它浏览一遍，看看里面的文字是否能被你的孩子理解接受。

在给孩子读书时，要尽可能把气氛搞得很轻松愉悦，他们就会从中体会到更多乐趣。朗读时，让手指在你读过的字下移动，但不要强迫孩子看这些字或者跟随你的手指读字。鼓励孩子注意图画中的事物或让他们猜测下一步将要发生什么。当他们这样做时，给予表扬。如果孩子要求的话，一本他特别喜爱的书可以反复阅读。孩子是否常常谈到它，或看他有多少次自发地从头去读他最喜欢的书，这是判断孩子是否对某个问题有兴趣的最好方法。

如果孩子明显地提出他要读书时，父母可以给孩子一些他熟悉喜爱而又能读的书，即使他已经记住了书里的文字。以后当他在其他书里看到这些熟悉的词汇时，他就能读懂它们了。给孩子准备一些新书，这些书里的故事最好有一定的反复性，而且再三出现相同的词汇。即使孩子已经能够自己阅读也不要停止读书给他听。有你与他一起度过这段亲密时光，他会从中得到很多快乐。

另外，父母还应该教导孩子爱惜书籍，保持书的整洁、美观，不让他们乱涂乱画。把书放在孩子房间里低矮的书架上，以便他们翻阅。

被誉为“20 世纪的哥白尼”“伟大的自然科学的革新家”的世界著名物理学家、相对论的创立者犹太人爱因斯坦，就非常注意读书方法的选择。他选用“淘金式”读书方法。

那么，爱因斯坦的“淘金式”读书方法具体是怎样的呢？其实，他读书的实质就在于：在所阅读的书本中，找出可以把自己引到本

质的东西，而放弃使头脑负担过重和会使自己远离要点的一切东西。曾有人问爱因斯坦不锈钢的成分是什么，他建议那个人去查《冶金手册》；有人问爱因斯坦从芝加哥到纽约有多少英里，他说："实在对不起，我记不住那么多，你可以去查《铁路交通》。"爱因斯坦说："我从来不去记辞典上已有的东西。"显然，爱因斯坦有着丰富的阅读经历，但他更乐意去粗取精地把握书本的要点，对一般知识只记住其来源和出处，而把主要精力放在透彻理解重点知识上，放在记忆实质性问题上，放在独立思考和革新创造上，就好像记住了书的目录一样。爱因斯坦说他获得的知识主要是靠自己获得的，热衷于深入理解，但很少背诵。有一次，爱因斯坦读到一本装帧十分精美的几何教科书时，他立刻把书中的精华分条分点地讲了出来。

有人钦佩爱因斯坦的读书本领，于是就向他讨教读书的秘诀。而爱因斯坦只是简单地说："我只是抓住了书的骨头，抛掉了书的皮毛。"如果你的孩子发现读书是一种有趣而且顺利的体验，那你更应当在他心中植入读书的欲望。你应该每天或每周数次念书给孩子听，并形成定时读给他听的习惯。要选择有趣味性的书给孩子看，比如那些惹人喜爱的有漂亮插图的图书。孩子们喜欢有人物、场景以及他们熟悉的事物的图画和照片。同样，他们也喜欢动物图片。童话故事对孩子们来说是很有魅力的。理论显示它们是有效的工具，可以帮助孩子们在认识世界时免受伤害，并认清现实和虚幻之间的差异。另外，可以给孩子讲一些童话故事，这样还能促进孩子们的抽象思维和创造性思维能力。

曾有位哲人说："一本书浓缩了一个人的一生。"事实上就是这样，做父母的，要让自己的孩子爱书并且喜欢读书，让智慧永远伴随他。

安抚好孩子的情绪

《塔木德》中说：别那么垂头丧气地折磨自己。快乐使人长寿，使生活有意义。知足常乐，别总是忧心忡忡的。忧愁对人没有什么好处，它毁了好多的人，会使人未老先衰。嫉妒和愤怒也将缩短你的寿命，性格开朗的人食欲旺盛，吃什么都合胃口。许多孩子都有喜怒无常的毛病，纵然他们在学习上是一个优秀的孩子，可情绪极为不稳定，不能长久地保持良好情绪，变化快，高兴时欣喜若狂，愤怒时怒发冲冠，激动时行为激烈，伤心时悲痛欲绝；情绪刻板，缺乏弹性，不能根据一定的事件、环境和对象表现出相应的情绪。孩子之所以会这样，是因为孩子想吸引大人的注意，以及父母对孩子的过度关注所引起的。

比如，生活中孩子伤心时，父母赶紧安慰，哭叫时父母立即迁就，激动时马上观看，犯错误时马上惩罚。遇上这样问题的时候，应减少对孩子不良行为举止的过分关注。当孩子出现这类行为时，父母装作什么都没有看见，做到视而不见，听而不闻，或者是用其他方法来转移他的注意力，这样就会使孩子的情绪逐渐平稳下来。

犹太母亲蕊切曾这样讲她的孩子：

我的孩子是全班中成绩最好的学生，每次总是考在前三名，可就是脾气太大。邻居家的孩子想玩一下他的玩具，他哭着一定得要回来，怕他们搞坏了自己的玩具；遇上他所喜欢的孩子来了，他就高兴得在地上打滚，手舞足蹈，以此来表达自己的兴奋之情；如果他所喜欢的孩子要走，他就痛苦得哽咽不止……

上面这位犹太母亲所讲的事例，是典型的喜怒无常的孩子。当然，有些孩子的自尊心很强，性格倔强，不容易妥协，不肯认错。特别是到了两三岁时，有了一些自己的思考，有了自己的想法与爱好，这种现象表现得就更为明显了。

孩子闹情绪的时候，要给孩子一点调整情绪的时间，让他有改正错误的心理准备，知道下一步怎么办，这样他就比较容易接受安排。做父母的也不要太在意自己的尊严，不能在孩子触犯自己的尊严时表现得特别激动，否则就会使气氛难以控制，彼此的情绪波动太大，解决矛盾就更难了。

惩罚孩子有准则

赏识是教育孩子的一种有力手段，对孩子的奖励是孩子成长过程中不可缺少的一种教育方法，它不仅是对孩子成功的一种认可，也是孩子成长过程中必不可少的一种激励因素。可以说它是一种外在的动力。但是从某种意义上来说，孩子是不能长期生长在周围人的夸奖之中的。俗话说："人非圣贤，孰能无过""金无足赤，人无完人"。因此，当面对孩子身上的缺点或者错误的时候，家长还要对其进行适当的批评以及合理的惩罚。

犹太人认为，孩子如果犯了错，那家长就有必要对其进行管教，管教就是训练孩子的为人做事。因为一个人既然已经生存在这个社会之中，那么他就要学会尊重社会对他的要求并去适应这个社会。只有经过父母的管教训练以后，孩子才会知道怎样才能适应和面对社会。心理学家吉尔斯特别强调说："管教的目的不是局限孩子的自由，而是在最大限度内保障他的自由。"这是管教的真正意义所在。

虽然孩子需要成长的自由，但是如果太过分自由的话，便成了无所适从。作为家长，如果不想限制孩子哪一方面的自由，那么孩子就不能够充分地领会到他的自由。所以，没有管教，孩子就没有办法生存，即便是能生存下来，那也只能是一个社会的破坏者。

惩罚是管教孩子的一个重要手段。教育家马卡连柯说过：对孩子合理的惩罚制度，不仅仅是合法的，而且还是必要的，这种合理的惩罚制度有助于形成孩子的坚强性格，而且还能培养孩子的责任感，锻炼孩子的意志和人格，培养孩子抵抗和战胜引诱的能力。换句话讲，对孩子的教育不能没有惩罚，而且适当的惩罚也是有教育作用的。当然，这里所说的惩罚并不是体罚，也不是伤害，更不是对孩子进行虐待与歧视，让孩子觉得难堪，打击他的自信心。惩罚不但要因人而异，并且还要做到合理适度，让孩子在惩罚过程中得到教训，学到知识。

那么，怎样惩罚孩子才算合理适度呢？惩罚的方式有很多种，比如瞪孩子一眼，或者是简单的一句话，对某些孩子来说都是惩罚。但是，对有些孩子来说，父母必须责骂或打屁股才会生效，这也是因人而异的。一般惩罚分为申斥、取消孩子的某一项权利、体罚等。

阻止孩子重犯某个过错是惩罚的最大的作用。以下是几项关于惩罚的准则：

★犯错就要受到处罚。

★把要求对孩子讲清楚。

★在惩罚之前，先对孩子警告，警告就会让孩子警惕：他必须改正自己的行为，否则就会受惩罚。

★惩罚的开始与结束要明确，不要让家中一整天都充满激愤气息，惩罚完毕，一切便算过去。

★犯错后立刻惩罚。

★在惩罚前，一定要向孩子解释一遍惩罚他的原因，否则孩子便不懂他为什么受罚。

★言出必行。假如孩子犯错前警告过他，那么，在他犯错后，一定要实行你的惩罚诺言。如果你不处罚他，以后便会难以下达命令，即便是事后惩罚，也起不到任何作用。

还有最重要的一点是，家长一定要尽量避免体罚孩子，体罚的错误在于，它教给孩子处理恼怒的错误方法，而且还教给孩子亲自品尝弱肉强食的滋味。这对孩子的健康成长非常不利。只有当孩子掌握了正确的发泄惭愧和怒气的方法，当父母学会了制定和执行规矩的更好方法时，惩罚才能变成一种更具有意义和效果的手段。

惩罚是在孩子做了和社会准则相违背的事情，而家长希望他改正时使用的教育手段。一般来说，如果对孩子用轻一点的惩罚手段就能够使他改正错误，那么，犹太人就不会用较重的惩罚手段。还有一点就是，犹太人无论什么时候都不会对孩子进行体罚或者是变相体罚。

总之，对孩子进行教育是一门关于爱的艺术，它与管束是分不开的，并且既不能光靠苍白无力的说教，也不能异化成为扭曲的暴力教育。可以通过合理的批评和惩罚来达到警醒孩子的目的，以此帮助他们克服自己的缺点，改正自己的过错。

第十四章

犹太人的自我观

要懂得善待自己

要享受自己的生活，这样才是有意义的人生。犹太人不赞成过分节俭。《塔木德》中说："当富人没有机会买东西的时候，他会自认为是个贫穷的人。"

犹太人认为，即使追求神圣的精神生活，也不应该让自己贫困。信仰上帝和追求享受是可以相提并论的。他们认为自己追求精神的崇高，也应该追求世俗生活的幸福。一味追求精神生活而忽略物质上的舒适，是不可取的。

犹太人说，人生就是为了吃饭而活着，要好好地享受吃饭的乐趣。他们还说，饭菜是上帝赐给自己的礼物，一定要好好享受。他们把吃饭当作一种高级的享受。

犹太人享用晚餐的时间长达两个小时。在尽情享用美食的同时，他们还会聊很多话题，例如娱乐、名胜古迹、花卉、动物等。但此时，他们绝不会谈到战争、宗教和工作。战争和宗教的话题，常常会勾起他们被迫害的痛苦回忆，破坏融洽的气氛；谈工作，则会影响就餐的情绪。总之，犹太人在吃饭时，一定是放松心情，慢慢地吃，把人生和工作的烦恼统统抛诸脑后。

岂止吃饭时间不谈工作，虔诚的犹太商人每周同样要过那整整 24 小时不谈工作甚至不想工作的安息日。因为犹太人是世界上最谙熟"平常心即智慧心"的民族。

犹太人从周五日落到周六日落的时间是休息日，这是《圣经》上规定的休息日，《圣经·创世记》上说，神造物用了 6 天时间，所以到了第七天就要停止一切工作。神赐福给第七日，意为圣日，在这一天，绝对不能从事工作，因为神停止了他的一切的工作，就安息了。

这段时间犹太人禁烟、禁酒、禁欲，他们将一切杂念都抛到九霄云外，一心一意地休息和祈祷。事实上他们正是在运用这段时间养精蓄锐，准备投入下一场生意的搏斗。星期六的晚上，犹太人则开始尽情享受，过一个开心的周末，以一种动态的休息方式来排遣工作压力。这种动静兼顾的适度休息，保证了犹太商人在下一周有充沛的体能和精力去投入新一轮的商业拼杀。

有人这样问一个犹太富翁："你们工作一小时可赚钱 50 美元以上，如果每天休息一小时，一月就少赚 1500 美元，一年少赚 1.8 万美元以上。这值得吗？"

这个犹太富翁算得很快："假如一天工作 8 小时不休息，一天可赚 400 美元，那我的寿命将减少 5 年，按每年收入 12 万元计算，5 年我将减少 60 万美元收入，假如我每天休息一小时，那我虽然损失每天 1 小时 50 美元，但将得到 5 年每天 7 小时工作所赚的钱，现在我 60 岁，假设我按时休息可活 10 年，那么我将损失 15 万美元，15 万和 60 万谁大呢？"

犹太人明白休息的意义，一张弓如果一直绷着，即使是钢做的，也会失去弹力。同样，不管大脑多么聪慧，长时间地紧张、过度疲劳地思考，就会开始麻木。犹太人就是用八分的紧张和二分的松弛来保持最佳的工作状态。

根据犹太律法，休息日的活动范围原则上是从街口起 1 千米，当然，这个规则在现在犹太人当中已经没有什么约束力了。但是，作为一个思考方式，即以不疲劳为限，还是得到了广泛的认同。

休息的目的就是缓解一周工作的疲劳，恢复原有精力。有的人利用周末休息的时间来工作，这种做法实在是本末倒置。要进行生

产和创造性的活动，本来就应该学会养精蓄锐。

如果说犹太人在休息日什么也不干，也不尽然，他们只是在这一天停止一切的商业活动。从另一层意思上讲，休息日也是劳动日，就是说使用大脑的劳动。他们早上 8 点就出去做礼拜，一直到中午。他们用希伯来语诵读祈祷文，倾听《圣经》的教诲。拉比们会讲述那些平时接触不到的深邃思想，让人们心智一片光明。回到家后，犹太人一家其乐融融地吃过午饭，很快就午睡了。4 点左右，他们会在自家或是犹太教堂和朋友或是拉比们一起交流，研究《塔木德》和《圣经》。

享受休息，善待自己。犹太人认为，活着就是为了享受，应该在条件容许的情况下尽量善待自己。

一位住在芝加哥的犹太人已经 70 岁了，却要买一套很豪华的公寓，别人觉得很奇怪，问他："你年纪这么大，估计也就只有几年的寿命了，还要这么大的房子干什么？"

这位犹太人反问道："难道只有几年就不可以享受了吗？"

来看看洛克菲勒的教训吧：

洛克菲勒在 33 岁时第一次赚到了 100 万美元。43 岁时，他建立了世界上前所未有的最大垄断企业——"标准石油公司"。但他在 53 岁时又怎么样呢？烦恼和高度紧张的生活已经破坏了他的健康，他的头发全部掉光，甚至连眼睫毛也一样，"看起来像个木乃伊"。

根据医生们的说法，他患的病是"脱毛症"。这种病通常是由过度紧张引起的。他的头部光秃秃的，模样很古怪，使他不得不戴上帽子。后来，他定制了一些假发——每顶 500 美元。从此他就一直戴着这些假发。

做不完的工作，无穷的烦恼，长期的不良生活习惯，经常失眠以及缺乏运动和休息，已夺去他的健康，使他挺不起腰来。

洛克菲勒早在23岁的时候，就全心全意追求他的目标。当他做成一笔生意，赚到一大笔钱时，他就高兴得把帽子摔在地上，痛痛快快地跳起舞来。但如果失败了，那他也随之病倒。

“缺乏幽默感和安全感”，这是洛克菲勒一生的特征。他说：“每天晚上，我一定要先提醒自己，我的成功也许只是暂时性的，然后才躺下来睡觉。”

他手上已有数百万美元可以任意支配，但他仍然担心失去一切财富。他没有时间游玩或娱乐，从未上过戏院，从没玩过纸牌，从来不参加宴会。诚如马克·汉纳所说：“在别的事务上他很正常，独独为金钱而疯狂。”

这些就是洛克菲勒前半生生活的真实写照。他为了金钱，为了事业，将自己彻底地搞垮了。美国一个著名企业家福特说过：“只知工作而不知休息的人，就像没有刹车的汽车，极为危险。”

53岁以前，他一直沉溺于不择手段地赚钱，使得他的身体每况愈下。最终洛克菲勒选择了从事业上退休。他学习打高尔夫球、整理庭院、和邻居聊天、打牌、唱歌。总之，他是彻底地休息，开始善待自己。

甚至于后来洛克菲勒在吃饭的时候，从不谈工作，只是尽情地享用他的美食。这种良好的习惯，让他在90岁高龄的时候还能精力充沛地工作。洛克菲勒既是当时世界上最为富有的人，也是所有商业大亨中最为高寿的一位。

我们不难看出，犹太民族是一个会享受的民族。他们注重吃喝的享受，吃得好，身体自然就健康。善待自己，就要善待自己的身体。

要享受也要有所节制

有一艘船在航行途中遇到了强烈的暴风雨，偏离了航向。

到次日早晨，风平浪静了，人们发现前面不远处有一个美丽的岛屿。船便驶进海湾，抛下锚，做短暂的休息。

从甲板上望去，岛上鲜花盛开，树上挂满了令人垂涎的果子，一大片美丽的绿荫，还可以听见小鸟动听的歌声。

于是，船上的旅客分成五组。

第一组旅客，因担心正好出现顺风而错过起航时机，便不管岛上如何美丽，静候在船上；第二组旅客急急忙忙登上小岛，走马观花地浏览了一遍盛景，立刻回来；第三组旅客也上岛游玩，但由于停留时间过长，在刚好吹起顺风时急忙赶回，丢三落四，好不容易才上船占下座位；第四组旅客一边游玩，一边观察船帆是否扬起，而且认为船长不会丢下他们把船开走，故而一直停留在岛上，直到起锚时才慌忙爬上船来，许多人为此而受了伤；第五组旅客留恋于美丽的风光，留在了岛上。结果，第五组的旅客中，有的被猛兽吃掉，有的因误食毒果生病而死。

犹太人认为，第一组对人生的快乐一点也不体会，人生缺少乐趣；第三组、第四组人由于过于贪恋和匆忙，吃了很大苦头；第五组最不理解；只有第二组人既享受了少许快乐，又没有忘记自己的使命，这是最明智的一组。

他们觉得享受人生乐趣是人类的特权和义务：漂亮的衣物、漂亮的家、贤惠的妻子、聪明的儿子，这会使人心情愉快，工作中也是力量倍增。所以，拉比们把发誓不喝酒的人认为是“罪人”和“傻瓜”。

但拉比们在对酒的态度上，也体现了犹太人那种掌握适度的分寸感，故而他们也认为，酒这种东西最忌过度，一喝多了，麻烦就来了。“只要不沉溺于酒杯，就不会犯罪。”想一想生活当中那些因烂醉如泥而丢尽脸面的人，更觉犹太人的态度非常有道理。

当然，完全放弃享受，一味地拼命工作也不应提倡。所以，犹太人推崇真实，顺其自然，即使有不好的念头，但只要不去做就是高尚的人。这才是真正的、有血有肉的人，而不是不食人间烟火的“神”。

犹太人认为，不但要承受遭遇到的困难，还要让自己享受生活中的快乐。先贤们为幸福而感激的时候从不犹豫，鼓励人们从拥有的一切事物中寻找幸福。

享受是一贯的，节制也是必须的。犹太人善于把自我满足和自我约束结合起来，这正是他们的生活方式值得我们学习的地方。

自己的事自己做

“自己的事情一定要亲自去做，哪怕你完成得没有别人好，那终归也是你自己的劳动成果。只有一次一次的不好，才能换来以后的完善。如果总是依赖别人，那么你的一生将始终与贫穷和低声下气为伴。”犹太人常常这样教育孩子。在他们看来，孩子有了自己的能力和地位后，与家人和社会的沟通才会变得更容易，才更能适应周围环境的变化。

有一个犹太商人有两个儿子。父亲宠爱大儿子，他想把自己的全部财产都留给他。但是母亲很可怜小儿子，她请求丈夫先不要宣

布分财产的事。她总想找个办法让两个儿子分得平均一些。商人听从了妻子的劝告，暂时没有宣布分财产的决定。

有一天，母亲坐在窗前哭泣，拉比看见了，就走上前来问她为什么哭得这么伤心。她说："我怎么能不伤心呢？对我来说，两个儿子都一样亲，可是我的丈夫却想把全部财产留给大儿子，而小儿子什么也得不到。在我还没想出帮助小儿子的办法以前，我请求丈夫先不要向儿子们宣布他的决定。但是我到现在也不知道怎样才能解决这个烦恼。"拉比说："你的烦恼其实很容易解决。你只管让丈夫向两个儿子宣布，大儿子将得到全部财产，小儿子什么也得不到，但以后他们将各得其所。"果然，小儿子一听说自己什么也得不到，就离开家到耶路撒冷去谋生了。他在那里学会了许多手艺，增长了知识。而大儿子一直依赖父亲生活，什么也不学，因为他知道，他是富有的。父亲去世后，大儿子什么都不会干，最后把自己所有的财产都花光了；而小儿子却在外面学会了挣钱的本事，变得富裕起来。

实际上，在不少发达国家，对在校学习的孩子要求也是非常"苛刻"的。在日本，许多学生利用课余时间，在饭店端盘子、洗碗，做家教，在商店售货或照顾老人等，以此挣钱交学费及零用。美国人一贯教育孩子自主自立，七八岁的小孩就成了"小商人"，出售他们的"商品"来挣零用钱。美国中学生有个口号："要花钱自己挣。"每逢假期，他们就成了打工族，自食其力。

现代家庭里的孩子大多是独生子女，物质生活相对优越，许多事情都由大人一手包办，衣来伸手，饭来张口，孩子在这样的环境中免不了失去独立生活的能力。这对以后孩子参与社会竞争是十分不利的。为人父母者，要从小就培养孩子的独立能力。家长应该让孩子成长为一棵独立支撑、独当一面的大树，而不是靠大树遮风挡雨的、经不起风吹雨打的脆弱小草。

犹太父母认为，再富也不能富孩子。让孩子吃点苦，有“台阶”让他自己爬。只有这样，孩子才能“一鼓作气”，攀上光辉的顶点。

心理补偿是有必要的

现在，心理失衡的现象在生活中时有发生。消极情绪占据内心的一部分，而由于惯性的作用使这部分越来越沉重、越来越狭窄；而未被占据的那部分却越来越空、越来越轻。因而心理明显分裂成两个部分，沉者压抑，轻者浮躁，使人出现暴戾、轻率、偏颇和愚蠢等难以自抑的行为。这虽然是心理积累的能量在自然宣泄，但是它的行为却具有破坏性。

这时我们需要的是“心理补偿”。犹太人很善于调节心理的失衡状态，通过心理补偿恢复平衡，甚至增加建设性的心理能量。

有人打了一个颇为形象的比方：人好似一架天平，左边是心理补偿功能，右边是消极情绪和心理压力。你能在多大程度上加重补偿功能的砝码而达到心理平衡，你就在多大程度上拥有了时间和精力去从事那些有待你完成的任务，并有充分的乐趣去享受人生。

那么，应该如何去加重心理补偿的砝码呢？

要有正确的自我评价。情绪是伴随着人的自我评价与需求满足状态而变化的。所以，人要学会随时正确评价自己。有的人就是由于自我评价得不到肯定，某些需求得不到满足，此时未能进行必要的反思，调整自我与客观之间的距离，因而心境始终处于郁闷或怨恨状态，甚至悲观厌世，最后走上绝路。由此可见，人一定要正确估量自己，对事情的期望值不能过分高于现实值。当某些期望不能得到满足时，要善于劝慰和说服自己。不要害怕，没有遗憾的生活是平淡而缺少活力的生活。遗憾是生活中的“添加剂”，它为生活增添了改变与追求的动力，使人不安于现状，永远有进步的余地。处处有遗憾，然而处处又有希望，希望安慰着遗憾，而遗憾又充实了希望。正如法国作家大仲马所说：“人生是一串由无数小烦恼组成的念珠，达观的人是笑着数完这串念珠的。”没有遗憾的生活，是最大的遗憾。

为了能有自知之明，常常需要正确地对待他人的评价。因此，经常与别人交流思想，依靠友人的帮助，是求得心理补偿的有效手段。

必须意识到，我们所遇到的烦恼是生活中难免的。心理补偿是建立在理智基础之上的。人都有感情，遇到不痛快的事自然不会麻木不仁。没有理智的人喜欢抱屈、发牢骚，到处辩解、诉苦，好像这样就能摆脱痛苦。其实往往是白花时间，现实还是现实。明智的人是承认现实，既不幻想挫折和苦恼突然消失，也不追悔当初该如何如何，而是想到不顺心的事别人也常遇到，并非是老天跟你过不去。这样就会减少心理压力，尽快平静下来，对那件事做个分析，总结经验教训，积极寻求解决的办法。

在挫折面前要适当用点“精神胜利法”，这有助于在逆境中进行心理补偿。例如，实验失败了，要想到“失败乃成功之母”；被人误解或诽谤，要想到“在骂声中成长”的道理。

但是，在做心理补偿时也要注意，自我宽慰不等于放任自流和为错误辩解。一个真正的达观者，往往是对自己的缺点和错误最无情的批判者，是最严格要求自己的进取者，是乐于向自我挑战的人。

记住雨果的话吧：“笑就是阳光，它能驱逐人们脸上的冬日。”

第十五章

学会与人交往

人必须要有朋友

犹太人认为，人需要有朋友一起吃饭，一起喝酒，一起学习《圣经》，一起学习《塔木德》……给自己找个朋友，对他倾诉心底所有的秘密。

《塔木德》里有这样一个故事：

画圈者豪厄生活于公元前5世纪的罗马帝国早期，他不但是位著名的学者，还被认为是魔法师，尤其擅长求雨。他的绰号“画圈者”，大概来自他求雨时最壮观的技艺表演：他在地上画一个圈，和他的祈祷者一起站进去，雨不多不少正好满足庄稼的需要。当雨下够了，他就再祈祷，雨就停了。

有一天画圈者豪厄看到有个老人在栽豆荚树。他问那人需要多长时间这棵树才能结果子，那人回答说要70年。

豪厄坐下来吃东西，觉得昏昏欲睡，他躺下睡着了。他周围的石头升起把他遮在里面，他一口气睡了70年。

醒来的时候，他看见有个人正在摘树上的果子。

“你是栽这棵树的人吗？”豪厄问。

“不，我是他的孙子。”那人说。

“那么我睡了70年！”豪厄惊讶地叫起来。

豪厄回到原本自己生活的地方。

“画圈者豪厄的儿子还活着吗？”他问那个地方的人。

“他的儿子不在了。”人们说，“不过他的孙子还活着呢！”

“我是画圈者豪厄。”他说，但是没人相信他。

豪厄不得不离开家，来到他学习的地方，他看到很多学者正在一起学习。

“法律对于我们就像在画圈者豪厄的时代一样清楚！”他听见学者说，“因为不论什么时候豪厄来到学习的地方，他总能澄清学者们阅读文本时遇到的问题。”

“我是豪厄。”他兴奋地对他们大声说。

但是学者们不相信他。

豪厄受到深深的伤害，他祈求死去。他的祈祷得到回应，他死了。

于是便有了谚语：“要么结成伙伴，要么死去。”从这个悲剧可知，友谊犹如生命的阳光，缺少友谊，不如死去。

《塔木德》中还记载了这样一则故事：

有个富翁生了10个儿子，他计划自己去世的时候给他们每人100第纳。

可是，随着时光流逝，他只剩下950第纳。所以他给前9个儿子每人100第纳，对最小的儿子说：“我只剩下50第纳了，我还得留出30第纳做丧葬费。我只能给你20第纳。不过，我有10个朋友，准备都给你，他们比100个第纳好多了。”

他把最小的儿子介绍给朋友们，不久就死去了。

那9个儿子各自谋生，最小的儿子也慢慢地花父亲留给他的那点钱。当他只剩下最后一个第纳的时候，他决定用它请父亲的10个朋友美餐一顿。

他们一起吃啊喝啊，纷纷说：“在这么多兄弟中他是唯一还记得我们的人，让我们报答他对我们的好意吧。”

于是，他们每个人给了他一只怀了牛犊的母牛和一些钱。母牛产下小牛，他卖了牛犊，开始用换回来的钱做生意。最后，他比自

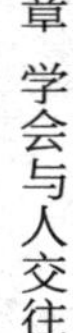

己的父亲还富有。

他说："我父亲说朋友比世上所有的钱都珍贵，这话一点都不假。"

朋友的可贵之处在于，他总在你最需要帮助的时候出现，救你于水火。

在犹太人看来，朋友比世上所有的金钱都珍贵，为了朋友，甚至可以牺牲生命。

有两个亲密的朋友，由于战争受阻，被分隔在两个敌对的国家。

有一次，其中的一个去看望另一个，结果被当作间谍囚禁起来，判了死刑。

他乞求国王发一次善心。

"陛下，"他说，"您让我回自己的国家用一个月时间料理好后事，月底我就回来接受死刑。"

"我怎么能相信你还会回来？"国王说，"你给我什么保证？"

"我的朋友可以保证，"这个人说，"如果我不回来，他可以替我死。"

国王把这个人的朋友找来，他的朋友对这个条件表示同意。

到了一个月最后一天，太阳已经落下去了，那人还没有回来。国王下令把他的朋友处死。就在刀即将落下的时候，那个人飞快地赶回来了，把刀搁在了自己的脖子上。可是他的朋友阻止了他。

"让我替你死吧。"他请求道。

国王被深深地感动了。他下令把刀拿开。

"既然你们有这么深的爱和友谊，"他说，"我恳求你们让我也加入进来吧。"

从那一天起，他们都成了国王的朋友。

宽容是一种度量

犹太民族是一个弘扬“善”的民族，同时也是一个对“恶”十分理智、十分坦然面对的民族，后一种品质尤为难能可贵。在犹太人看来，恶本身是无所不在的，伊甸园里有，其他地方也有。

《塔木德》上说，当年上帝发大水淹没不义之人时，曾预先告知挪亚，让他造一艘大船，全家避难于船上，并将所有动物都按一公一母配齐，各带一对。当时，善闻讯也急急忙忙跑来找挪亚，要求登舟避难。可是，它却遭到挪亚的拒绝。挪亚说：“我只能让成公母一对的上船。”于是，善只好跑回树林，寻找可以和自己成为一对的对象，结果找到了恶，便一起成双作对地登上了方舟。从此以后，有善的地方就必有恶的存在。这就是说，犹太人基本上把恶看作某种正常存在的东西，是世界的一个组成部分，就像挪亚方舟上不仅带了洁净的物，也带了不洁净的物一样。

在待人处事中，度量直接影响人与人之间的关系是否能和谐发展。人与人之间经常会发生矛盾，有的是由于认识水平的不同，有的是由于一时的误解造成的。如果我们能用宽容的度量谅解别人，就可以赢得时间，使矛盾得到缓和。反之，如果度量不大，即使芝麻大的小事，相互之间也会斤斤计较，争吵不休，结果伤害了感情，影响了友谊。在这个世界上我们各自行自己的人生之路，纷纷扰扰，难免有碰撞，心地最和善的人也难免有伤别人心的时候。

在18世纪，法国科学家普鲁斯特和贝索勒是一对论敌。他们围绕定比定律争论了有9年之久，他们都坚持自己的观点，互不相让。最后的结果是普鲁斯特获得了胜利，成了定比这一科学定律的发明者。

但是，普鲁斯特并未因此而得意忘形，忘乎所以。他真诚地对与他激烈争论了9年之久的对手贝索勒说：“要不是你一次次地责难，我是很难进一步将定律研究下去的。”同时，普鲁斯特特别向众人宣告，定比定律的发现有一半功劳是属于贝索勒的，是他们共同促使了定律昭示于天下的。

在普鲁斯特看来，贝索勒的责难和激烈的批评，对他的研究是一种难得的激励，是贝索勒在帮助他完善自己。这与自然界中“只是因为有狼，鹿才奔跑得更快”的道理是一样的。

普鲁斯特的宽容是博大而明智的，他允许别人的反对，不计较他人的态度，充分看到他人的长处，善于从他人身上汲取营养，肯定和承认他人对自己的帮助。正是由于他善于包容和吸纳他人的意见，才使自己走向成功。

著名的天文学家第谷和开普勒之间的友谊，就是一曲优美的宽容之歌。

开普勒是16世纪的德国天文学家，在年轻尚未出名时，曾写过一本关于天体的小册子，深得当时著名的天文学家第谷的赏识。当时第谷正在布拉格进行天文学的研究，第谷诚挚地邀请素不相识的开普勒和他一起合作进行研究。开普勒兴奋不已，连忙携妻带女赶往布拉格。不料在途中，贫寒的开普勒病倒了。第谷得知后，赶忙寄钱救急，使得开普勒渡过了难关。后来由于妻子的缘故，开普勒和第谷产生了误会，又由于没有马上得到国王的接见，开普勒无端猜测是第谷使坏，于是写了一封信给第谷，把第谷谩骂一番后不辞而别。第谷其实也是个脾气极坏的人，但是受此侮辱，第谷却出奇的平静。他太喜欢这个年轻人了，认定他在天文学研究方面的发展将是前途无量的。他立即嘱咐秘书赶紧给开普勒写信说明原委，并且代表国王诚恳地邀请他再度回到布拉格。

开普勒被第谷的博大胸怀所感动，重新与第谷合作，他们俩合作不久，第谷便病重不起。临终前，第谷将自己所有的资料和底稿都交给了开普勒。这种充分的信任使得开普勒备受感动。开普勒后来根据这些资料整理出著名的《路德福天文传》，以告慰第谷的在天之灵。

浩瀚如海洋般的宽容情怀，使第谷为科学史留下了一页人性光辉的佳话。这种宽容像雨后的万里晴空，清新辽阔，一尘不染。

当我们恨仇人时，我们的内心被愤怒充溢着，这就等于给了他们制胜的力量，那力量妨碍我们的睡眠、我们的胃口、我们的血压、我们的健康和我们的快乐。如果我们的仇人知道他们如何令我们苦恼，令我们心存报复的话，他们一定非常高兴。我们心中的恨意完全不能伤害到他们，却使我们的生活变得像地狱一般。

有人说，宽恕是软弱的表现，其实这是错误的。冤冤相报抚平不了心中的伤痕，它只能将伤害者和被伤害者捆绑在无休止的怨恨战车上。印度前总理甘地说得好：倘若我们大家都把以眼还眼式的正义作为生活准则，那么全世界的人恐怕就要都变成瞎子了。第二次世界大战后，科学家雷德侯·列布赫也说过这样一句格言："我们最终必须与我们的仇敌和解，以免我们双方都死于仇恨的恶性循环之中。"

在同一联盟内部，宽恕是消除内部矛盾的有效方法。对志趣相投的群体来说，唯有不断地宽恕，才能取得事业上的共同成功。

把敌人变成朋友

为什么神在开始的时候不一下子就造出许多人，却只造出一个人来，让全人类自一个人而繁衍成许多人呢？拉比的答案是："这是神为了告诉我们，谁夺取了一个人的生命，就等于杀害全人类。"相对地，如果谁能救一个人的生命，那么他就等于拯救了全世界人的生命；同样地，爱上一个人时，也就等于爱上整个世界的人。因为人类都是一个祖先繁衍下来的，所以同源同根。因此，犹太人认为人要去爱整个人类。因为有这样一个大人类的观念，在历史的长河中，尽管犹太人受尽迫害，历尽坎坷，但是，一旦犹太人有能力主宰异族命运的时候，他们却并不会迫害侮辱其他民族。相反，他们能够以平常的心对待其他人，甚至用爱心去帮助他们。

为此，犹太人有句名言说："谁是最强大的人？化敌为友的人。"犹太人认为，谅解和接受曾经伤害过你的人，才是最好的待人之道，这样就能得到希望中的回报。为此犹太拉比高度赞美那些"受到侮辱却不侮辱别人，听到诽谤却不反击"的人。

他们历来主张把罪恶本身与犯罪之人加以区分。有几个拉比碰上了一伙十恶不赦的坏人，其中有一个拉比在忍无可忍的情况下，诅咒他们都死了算了。可是，在他们中有一个伟大的拉比却说："不，身为犹太人不应该这么想。虽然有人认为这些人还是死了比较好，但不能祈祷这样的事发生。与其祈求坏人灭亡，不如祈求坏人改邪归正。"

《塔木德》的结论是：处罚坏人对谁都没有什么益处。不能使他们改悔，那才是人类的一种损失。在《塔木德》中，还有一则约瑟夫接纳哥哥的故事，被犹太人视为为人处世的典范。

约瑟夫是雅各的儿子，受到兄长的排挤，在小时候被兄长卖往埃及为奴，后来约瑟夫在埃及做了大官。有一年闹饥荒，约瑟夫的哥哥们一路逃荒来到埃及。当约瑟夫发现自己的哥哥们时，就走上前说："我是约瑟夫，父亲还好吗？"

可是，哥哥们简直不相信这是真的，一时无法回答，一个个都目瞪口呆了。

约瑟夫又对哥哥们说："请你们走近些。"

当哥哥们走近时，约瑟夫说："我是你们的兄弟约瑟夫，你们曾经把我卖到埃及。"

兄长们还是不敢相信，但是当他们明白一切都是真的时，看着眼前的弟弟如此荣耀，如此威风，吓得说不出话来了。

这时几位兄长听到约瑟夫说："现在，你们不要因为把我卖到这里而谴责自己，这是上帝为了救我的命才把我送到这里来的。"

约瑟夫的话语，其实就是一种宽以待人、化敌为友的为人处世之道。这也是犹太人的处世之道。

对整个人类充满爱心而去真诚爱护每一个人，这就是千百年来犹太人的一贯思想。

不借钱给自己的朋友

莎士比亚有句名言："不要把钱借给别人，借出会使你人财两空；也不要向别人借钱，借进来会使你忘了勤俭。"这句话有一定道理。

你可以用其他友善的方式接济你的朋友，但不要借钱给他。借钱给他人，就是掏钱为自己买了一个敌人。

犹太人朋友之间很少涉及金钱，他们之间朋友是朋友，金钱是金钱，分得十分清楚。他们一般不把友情掺入金钱。

犹太人之间的朋友，大家彼此都很不错，就在一起吃饭喝酒。这样就表示你是他喜欢的朋友，他愿意和你经常来往。但是你要是借钱，他们很少答应。

这不是因为大家彼此之间不信任，而是他们处事的一种精明。

犹太人是十分自尊的，他们一般是绝不肯向人求助的。即使遇到了困难，他们也是依靠自己的力量来解决，而很少向别人请求帮助。假如一个人向自己的朋友去借钱，那说明这个人已经处于生活比较困难的时候了。有人借钱给他，他就总是感到忐忑不安，心里总是想着把钱尽快还给自己的朋友，见了朋友就感觉很不好意思。虽然朋友浑然不觉借钱人的尴尬，而借钱人为了避免这种愧疚的心情一般就会回避自己的朋友，希望自己尽快地还钱，那样自己才觉得在朋友面前会坦然。有了这种心理，这样的朋友就会因为金钱变得很不自在。而朋友呢，如果也恰好需要这笔资金，但是已经将钱借给别人，而且为了让别人放心，自己一般不会说还钱的时间。朋友什么时间有了钱，就什么时间来还，而自己许多事情却急切需要资金办理，但是话已经出口，就很不好意思去要钱。所以，犹太人之间就心照不宣地达成默契：不借钱给自己的朋友。

犹太人开的餐馆贴着这样的一首歌谣："我喜欢你，你要借钱，我不能借，怕你借了，以后不再上门。"说的就是这样的意思。

犹太人喜欢放贷收取利息，这是他们几百年的传统了，他们如果自己有闲余的资金，就会把这些钱放出去收取利息，而有人需要钱自然就可以去借贷了。所以，犹太人没有钱的时候，喜欢去借贷来渡过难关。向他人借贷是一种商业行为，这与向朋友借钱的行为是不一样的。

有个故事是这样的：

雅可夫借给亚瑟500美元，明天就要到期了，但是亚瑟根本没有钱可以还。雅可夫三天前就已经提醒亚瑟，还有三天就该还钱了。“到明天雅可夫一定会来要钱的。”想到这里，亚瑟坐卧不宁，烦躁地在房子里走来走去。“你为什么还不睡觉？”他的妻子问他。“我向雅可夫借了钱，明天早上非还他不可。”“你现在有钱了吗？”“我连一个子儿也没有呢！”“既然这样，你就睡觉吧。着急的应该是雅可夫而不是你。”

亚瑟妻子的话代表了我们处理债务的一般态度，既然没有钱就干脆放心休息，反正着急也没用。而事实上，雅可夫也确实没有办法，如果让朋友还钱，那与朋友长久培养起来的感情就会因此而崩溃了。打官司更是浪费自己的钱财，对朋友的感情也更是致命的打击。

还有一个故事：

梅西克向罗扬借了1200马克，但是梅西克一直没有钱还。每当遇到罗扬，梅西克都会避而不见，可罗扬又束手无策。

这时，他的另一个朋友对他说：“你不妨写信给梅西克，叫他尽快归还1800马克的债，瞧瞧他的反应。”

罗扬也十分需要这笔钱，就给梅西克去了一封信。

两天后，梅西克就回信了，信中说：“罗扬，我记得很清楚，我向你借了1200马克，你怎么说我欠了你1800马克？随信附上1200马克。如果你要打官司的话，你准输。”

罗扬虽然成功地要回了自己的钱，但通过这次事件，两人的关系就可想而知了。

因此，洞悉人情的犹太人认为，借钱给别人，即是掏钱给自己买了个敌人。

犹太人的这个观点有其合理性，但假如朋友真的有困难向我们借钱，如果条件允许的话，还是要伸出援助之手的。